NIEDERBRONN

ET SES ENVIRONS

PAR

LE DOCTEUR KUHN FILS

LAURÉAT DE LA FACULTÉ DE STRASBOURG (MÉDAILLE D'ARGENT)
EX-MÉDECIN SOUS-AIDE A L'ARMÉE D'ITALIE

Avec 1 planche lithographiée et 1 carte de chemin de fer

Vᵉ BERGER-LEVRAULT & FILS, LIBRAIRES-ÉDITEURS

PARIS
RUE DES SAINTS-PÈRES, 8

STRASBOURG
RUE DES JUIFS, 26

1865

NIEDERBRONN

ET SES ENVIRONS

Strasbourg, imprimerie de Ve Berger-Levrault.

NIEDERBRONN

ET SES ENVIRONS

PAR

LE DOCTEUR KUHN FILS

LAURÉAT DE LA FACULTÉ DE STRASBOURG (MÉDAILLE D'ARGENT)

EX-MÉDECIN SOUS-AIDE DE L'ARMÉE D'ITALIE

Avec 1 planche lithographiée et 1 carte de chemin de fer

VEUVE BERGER-LEVRAULT & FILS, LIBRAIRES-ÉDITEURS

PARIS | STRASBOURG

RUE DES SAINTS-PÈRES, 8 | RUE DES JUIFS, 26

1865

NIEDERBRONN

ET SES ENVIRONS

I.

NIEDERBRONN.

Niederbronn est situé sur le versant oriental des Vosges, à l'entrée d'une vallée qui met l'Alsace en communication avec la Lorraine, vers l'extrémité septentrionale du département du Bas-Rhin, à 21 kilomètres de Haguenau, 23 de Bitche, 48 de Strasbourg, à quelques lieues seulement de la Bavière rhénane. Placé au point d'entre-croisement du 48° 57′ de latitude et du 5° 18′ de longitude est de Paris, et élevé de 192 mètres au-dessus du niveau de la mer, Niederbronn est assis entre deux collines, derniers contre-forts des Vosges vers la plaine d'Alsace, comme enclavé entre les deux promontoires que forment ces hauteurs au nord et au sud de la localité. Le ruisseau le Falckenstein, qui se dirige du nord-ouest au sud-est, et qui prend sa source dans les montagnes voisines, près d'Egelshardt, traverse Niederbronn dans toute sa longueur, reçoit à Reichshoffen la Schwartzbach venant de la vallée de Jægerthal et se jette dans la Zinsel un peu en deçà d'Uttenhoffen.

Niederbronn, bourg de 500 maisons environ, traversé par la route de Strasbourg à Metz et par celle d'Ingwiller à Fort-Louis, compte une population agglomérée de 3,000 âmes environ, et comprend dans sa circonscription Jægerthal (la partie située sur la rive droite du ruisseau), Rauschendwasser et le hameau de Wasenberg. Niederbronn est chef-lieu de canton et fait partie de l'arrondissement de Wissembourg (à 35 kilomètres nord-est).

Le ruisseau le Falckenstein divise Niederbronn en deux moitiés parallèles, l'une au nord, l'autre au sud. Les sources minérales se trouvent dans la partie méridionale de la commune, au milieu de la promenade et non loin du cours d'eau. La promenade elle-même est bornée à l'ouest par les deux Wauxhalls; le vieux Wauxhall, qui doit être démoli et reconstruit, est disposé au rez-de-chaussée en promenoir couvert; au premier se trouve la salle de théâtre. Le nouveau

Wauxhall, bâtiment plus grandiose, constitue, à proprement parler, la maison de conversation : au rez-de-chaussée, on remarque le casino, une salle de café et une salle de restaurant. Un bel escalier en pierres de taille conduit au premier étage et mène dans une belle et grande salle qui sert à la fois de salle à manger et de salle de bal; à côté de cette dernière se trouvent deux petits salons pour les réunions ordinaires. Enfin quelques chambres au second permettent de loger un petit nombre de baigneurs. Le Wauxhall est loué à bail à un traiteur.

Parmi les principales constructions de Niederbronn, nous citerons, outre le nouveau Wauxhall avec sa belle toiture vitrée, la maison de Dietrich, la maison commune, le couvent, les hôtels de la Chaîne et du Lion, les maisons Salathé, Thouvenin, Langenhagen.

Niederbronn possède plusieurs promenades outre la place centrale près de la source. Nous signalerons d'abord la nouvelle avenue, belle allée qui relie la route de Haguenau à la promenade centrale. Dans la même direction s'étage avec grâce la terrasse ou le coteau du Herrenberg (montagne des Messieurs), d'où l'on jouit d'une vue charmante sur la ville, la vallée et la montagne; exposé au nord et orné d'arbres d'une belle venue, le Herrenberg offre aux baigneurs de la fraîcheur et de l'ombre pendant les chaleurs de l'été. C'est sans contredit une des plus jolies promenades de Niederbronn.

Dans une direction opposée, du côté de la route d'Oberbronn, s'ouvre la promenade de la Neumatt qui, lorsqu'elle sera prolongée jusqu'aux Vosges, formera une agréable transition entre la ville et la montagne.

L'étranger qui arrive à Niederbronn peut se loger, à son choix, dans les hôtels (Wauxhall, Chaîne, etc.) ou dans les maisons particulières.

Depuis trois ans, plusieurs établissements de bains spéciaux se sont formés : les hôtels de la Chaîne et du Lion, ainsi que la maison Langenhagen, offrent au public des séries de cabinets de bains bien organisés; les logeurs fournissent également des bains, l'étranger trouve donc à Niederbronn le grand avantage de pouvoir se baigner soit à domicile, soit dans un des établissements dont nous venons de parler. Des cabinets de douches, construits dans les hôtels de la Chaîne, du Lion et dans la maison Thouvenin, complètent l'ensemble du service. Niederbronn ne possède ni piscines, ni étuves, ni bains de vapeurs.

Niederbronn est visité, année commune, par 2,200 baigneurs. Le revenu des bains, distinct de celui de la commune, se compose de la taxe des eaux fixée à 8 fr. par saison, du prix de location du Wauxhall et des magasins, de la vente de l'herbe et des fruits des différentes promenades. La commune, de son côté, a 1,084 hectares de forêts, des terres et des prés d'une superficie de 63 hectares.

Les eaux minérales de Niederbronn, de la catégorie des eaux chlorurées, sont, sinon les seules eaux purgatives que nous ayons en France, du moins celles qui jouissent le plus franchement de cette propriété. Sur un total de 4gr,78 de principes fixes, l'eau renferme 3gr,61 de chlorures, dans lesquels le chlorure de sodium entre pour 3gr,07; c'est à ce sel que revient évidemment la principale part dans l'action de l'eau. Faiblement alcaline (0.12) et contenant aussi une quantité insignifiante de sulfates (0.09), elle est, au contraire, sensiblement ferrugineuse (0.09) et très-notablement brômurée (0.30); on y découvre, en outre, des traces d'iodure de sodium et d'arsenic; enfin, M. le professeur Nicklès, de Nancy, y a constaté la présence du fluor.

Les sources minérales sont reçues dans deux bassins de la promenade centrale, éloignés l'un de l'autre d'une vingtaine de pas environ; ces derniers sont hexagonaux dans la partie inférieure et circulaires dans la partie supérieure. La source principale du grand bassin, très-puissante, puisqu'elle fournit 200,000 litres dans les 24 heures, est isolée des autres sources au moyen d'une pyramide en pierres de taille qui permet au liquide d'arriver pur et sans mélange jusqu'à la partie supérieure du réservoir. Au bout de peu de temps l'eau qui était si claire lors de son émergence, devient jaunâtre : c'est que les bicarbonates qu'elle dissout se décomposent en carbonates insolubles par le dégagement au contact de l'air d'une certaine proportion d'acide carbonique.

Les deux bassins communiquent ensemble au moyen de deux conduits souterrains, et le trop-plein va se jeter dans le ruisseau au bas de la promenade. La température de l'eau minérale est constamment de 18° centigrades; c'est donc une eau légèrement thermale. La pression barométrique, la température de l'atmosphère, l'humidité plus ou moins grande du sol n'influent en rien ni sur le volume, ni sur la composition chimique de l'eau.

L'eau de Niederbronn est administrée en boisson, en bains et en douches; son emploi peut être modifié de manière à produire, soit un effet purgatif, soit un effet tonique, soit un effet altérant. Elle est employée avantageusement dans la dyspepsie, surtout dans la variété qui est caractérisée par un état muqueux des premières voies; dans la constipation, la pléthore abdominale, les hémorrhoïdes, dans certaines affections du foie, telles que la congestion et l'inflammation chronique, dans la cholélithiase (affection calculeuse du foie). Nos thermes se prêtent surtout bien au traitement de la congestion et de l'apoplexie cérébrales, affections si communes de nos jours. On retire encore de bons effets de l'usage de l'eau de Niederbronn dans l'eczéma de nature lymphatique, la miliaire chronique, la scrofule, l'obésité, la bronchite chronique, le rhumatisme, la goutte, l'hypochondrie, la leucorrhée; elle est également utilisée dans les cas d'absence, d'insuffisance ou d'irrégularités menstruelles, dans certains cas de stérilité. L'eau de Niederbronn est essentiellement contre-indiquée dans les affections laryngées, la phthisie pulmonaire, les affections vésicales et les engorgements de la rate.

Les plaisirs et les distractions, pas plus que les promenades, ne font défaut à Niederbronn. Le comité des bains engage depuis plusieurs années une troupe de huit acteurs et un orchestre composé de quatorze musiciens sous l'habile direction de M. Schillio : les acteurs et les musiciens sont d'un mérite reconnu et font presque tous partie du théâtre de Strasbourg, qui, comme chacun sait, passe pour une des premières scènes de province.

Niederbronn n'est pas un bain nouveau; son existence remonte à plus de 2,000 ans, et il paraît hors de doute que les propriétés médicales de nos eaux étaient déjà connues des Romains. Bien qu'il ne reste pas de preuves écrites de l'existence d'un établissement thermal à une époque fort reculée, et qu'on ignore jusqu'à l'ancien nom porté par notre localité, il n'en est pas moins certain que les premières constructions autour des sources aient été faites par le peuple-roi. En effet, lorsque, en 1592, le comte de Hanau fit nettoyer les bassins, et fit élever la pyramide qui isole la source principale des sources environnantes, on retrouva près de 300 médailles et monnaies romaines qui avaient été jetées dans les bassins en reconnaissance sans doute des bons effets obtenus par l'usage des eaux, ou bien pour se rendre les divinités thermales favorables. L'origine romaine de l'établissement de Niederbronn nous est encore prouvée par d'autres débris trouvés non loin des sources et portant le cachet de ces conquérants. C'est ainsi que l'on a découvert en 1717, près de la source, un cippe quadrilatère sur lequel sont figurés en relief Mercure, Minerve, Hercule et Apollon, ce dernier tenant d'une main son arc et de l'autre une lyre; ce beau morceau de sculpture est déposé au musée des antiques de Strasbourg. En 1845, en creusant les fondations de l'école catholique des filles, on a trouvé les restes non douteux d'un laconicum. C'était une aire formée par de larges carreaux de terre cuite recouverts d'une couche de ciment dont les angles reposaient sur des colonnettes en briques; au-dessus s'arrondissait une voûte en maçonnerie d'une faible élévation. A quelques pas de là, près de l'école des garçons, on a découvert des conduits en pierres de taille et en plomb, le tout ayant probablement fait partie d'un seul établissement thermal. Quelques années auparavant (1838), en creusant les fondations de la maison Langenhagen, on avait mis à jour deux magnifiques bas-reliefs: l'un représentant Pallas avec la lance et le bouclier; la déesse est vêtue d'une tunique sur laquelle retombe la stola, et porte au cou une torque d'une énorme grosseur; cette belle pièce se trouve au Herrenberg. L'autre bas-relief est un carré de 50 centimètres de côté et d'une parfaite conservation. Il figure, taillées dans le creux, une Vénus et une Abondance. Ce groupe qui paraît remonter à la fin du troisième siècle, était, jusque dans ces derniers temps, entre les mains de M. E. de Dietrich, qui a bien voulu en faire cadeau au musée d'archéologie de Niederbronn.

On a encore trouvé à Niederbronn les objets suivants :

1° Un fragment de colonne sur lequel on lit :

IOM
AVGVST
VRSVLV
TAVG

2° Un bas-relief de 50 centimètres de haut sur 30 centimètres de large déterré en 1760 et représentant une Pallas casquée avec la lance et le bouclier; à sa gauche est une chouette ;

3° Un grand autel dont les inscriptions sont illisibles. Ce morceau a été déterré en 1826, à peu de distance des sources;

4° Un bas-relief, découvert en 1772, représentant un guerrier à cheval vêtu d'une chlamyde et tenant une hache; il traîne à sa suite un prisonnier;

5° Un fragment de bas-relief où l'on voit la partie supérieure du corps d'un homme vêtu d'un sagum, et qui porte de la main gauche une torche allumée; au-dessus de sa tête, on distingue les lettres :

. . . . S ETO
. . . . S . SA

6° Une main tenant un caducée et divers fragments provenant sans doute d'une statue de Mercure en pierre de grandeur naturelle;

7° Un præfericulum en cuivre et un vase apode de même métal à fond sphérique et à ouverture trigone (cabinet du docteur Schnœringer);

8° Une tête d'homme barbu, coiffée d'un bonnet phrygien, et une tête de femme surmontée d'une auréole, probablement la déesse des eaux. Ces deux pièces se trouvent au musée de Niederbronn.

En 1864 on a découvert, dans la rue dite Kreutzgasse (propriété du sieur Bender), une écuelle romaine en bronze et plusieurs conduits en pierres de taille, parfaitement conservés, destinés probablement à mener à l'établissement thermal (occupant l'emplacement de l'école des filles) l'eau des sources du voisinage. Nous n'en finirions pas, si nous voulions mentionner toutes les antiquités trouvées à Niederbronn; car, ainsi que le dit Schœpflin, aucune partie de l'Alsace ne contient autant d'antiquités romaines que nos environs.

Au cinquième siècle de notre ère, notre contrée eut à subir plusieurs invasions de barbares; l'établissement de Niederbronn fut brûlé, comme le prouvent les masses de charbons qu'on a trouvées à côté des débris des bains romains. Au moyen âge, Niederbronn était un fief impérial que les landgraves de l'Alsace cédèrent, en 1330, aux Ochsenstein; à l'extinction de cette famille, ce fief devint la propriété des comtes de Deux-Ponts-Bitche. En 1541, ce domaine fut considéré comme allodial, et échut, ainsi qu'Oberbronn, à la comtesse Amélie; mais les tuteurs de cette dernière le rendirent à son oncle, le comte Jacques, et il passa, avec les autres possessions de cette maison, aux comtes de Hanau. En 1592, le comte Philippe V de Hanau, ayant été guéri de la goutte à Niederbronn, fit restaurer par reconnaissance les bassins des deux sources et ordonna la construction d'une maison de bains. Niederbronn resta la propriété des descendants de ce comte jusque dans les premières années du dix-huitième siècle. Des réclamations faites au milieu du seizième siècle par le comte de Linange-Westerbourg, qui trouvait que les intérêts de son épouse avaient été lésés par cette vente, donnèrent lieu à un procès qui ne fut décidé qu'en 1667 en faveur de ses descendants, et le jugement ne fut mis à exécution qu'en 1709, époque à laquelle il fut confirmé par le conseil souverain d'Alsace. Enfin, dans la seconde moitié du dix-huitième siècle, en 1764, cette seigneurie fut achetée par M. le baron de Dietrich qui contribua, par son zèle et son argent, à l'embellissement et à la prospérité de la localité. Malheureusement, la révolution enraya pendant quelque temps toute espèce de progrès, et ce n'est réellement que depuis vingt ans que Niederbronn a pris l'extension que lui assigne l'importance de ses eaux[1]. De nos jours, ce qui donnera une grande impulsion à notre établissement thermal, c'est l'ouverture de la ligne du chemin de fer qui relie Niederbronn à Haguenau. Plus tard, la voie ferrée sera continuée sur Bitche, Sarreguemines et Thionville et nous mettra, par conséquent, en communication directe avec le département de la Moselle.

La commune de Niederbronn a de l'importance, non-seulement comme station thermale et comme chef-lieu de canton, mais encore comme point central des forges du Bas-Rhin. Toutes ces usines métallurgiques, qui forment sans contredit un des plus beaux établissements de France, appartiennent à la famille de Dietrich; elles se composent des forges proprement dites de Zinswiller, de Jægerthal, de Mouterhausen (Moselle), des fonderies de Niederbronn et de Mertzwiller, de l'atelier de construction de Reichshoffen.

1. Voyez Schweighæuser, *Antiquités d'Alsace*.

Niederbronn est le berceau de la congrégation des filles du Divin-Rédempteur. Le couvent situé dans la nouvelle avenue, non loin de la promenade centrale, se compose d'un grand corps de bâtiment et de deux autres corps de logis d'une moindre importance. Au bâtiment central est attenante une belle chapelle gothique dont l'intérieur est en parfaite harmonie avec l'extérieur. On remarquera surtout les vitraux peints et l'autel en marbre blanc, noir et rouge, qui est dans le même style que l'édifice. A peine établi depuis quinze ans, le couvent compte un grand nombre de succursales, tant en France qu'en Allemagne. Les sœurs de Niederbronn ont pour mission de secourir les pauvres et de soigner les malades à domicile sans distinction de sexe, de classe, d'âge et de culte. La ferme que l'on voit à l'entrée de la commune en arrivant de Reichshoffen, fait également partie du couvent.

Depuis plus d'un an, il s'est constitué à Niederbronn une société qui, s'occupant d'archéologie, de minéralogie et de géologie, a pris le titre de Société philomatique. Elle tient ses séances une fois par mois sous la présidence de M. Engelhardt, le savant directeur de la forge de Niederbronn; elle a pour but la création d'un musée minéralogique et archéologique.

II.

DIRECTION DE PHILIPPSBOURG.

Forge de Niederbronn, Wasenbourg, camp celtique, Falckenstein, Bitche, Saint-Louis, Mouterhausen, Bærenthal.

Niederbronn n'est situé, comme nous l'avons vu, qu'à une petite distance des Vosges; c'est ordinairement vers cette chaîne de montagnes que le baigneur dirige ses premiers pas. On peut prendre la route de Haguenau à Bitche, qui traverse les Vosges dans toute leur largeur; c'est le chemin le plus court, mais aussi le moins agréable, à raison de la poussière que le passage fréquent des voitures y entretient pendant une grande partie de l'été. Les promeneurs lui préfèrent généralement le chemin qui est situé sur la rive droite du ruisseau : après avoir traversé la belle promenade de la Neumatt dans toute sa longueur, on suit un joli sentier planté d'arbres fruitiers qui vous mène insensiblement à la forge.

Au lieu de passer par la localité, on peut traverser le beau jardin de la famille de Dietrich, dont les propriétaires veulent bien permettre le passage au public. Un peu avant d'arriver au petit pont en fonte, sous lequel passe le chemin du jardin, on admirera le magnifique tableau qui s'offre à la vue; l'entrée de la belle vallée de Bitche et les montagnes dominées par le Wasenbourg, paraissent comme encadrées entre les rochers et la voûte dentelée du pont. Au sortir du jardin, on voit à droite la propriété de M. Kastner, membre de l'Institut, de Paris; puis au delà de la route, sur la colline qu'on a en face de soi, le chalet de M. E. de Dietrich, agréablement exposé au midi.

La forge, ou plutôt la fonderie, dont la construction remonte à l'année 1767, est pittoresquement assise au pied du château de Wasenbourg, au bord de l'étang que forme le Falckensteinerbach à sa sortie de la vallée. Les deux hauts-fourneaux qui produisent de la fonte par la réduction du minerai à l'aide du charbon, ont chacun une machine soufflante. L'une d'elles est mue par une turbine (celle-ci a remplacé la roue hydraulique, qui existait avant 1856); l'autre est mise en mouvement par une machine à vapeur; cette dernière sert également à faire monter jusqu'aux gueulards le minerai, le charbon et la castine. Depuis plus de vingt-cinq ans, la ventilation des hauts-fourneaux est faite au moyen d'air chaud, dans le but d'augmenter la température du foyer : à cet effet on utilise les gaz qui se dégagent de la partie supérieure des fourneaux. La fonte de première fusion est transformée immédiatement en marchandises, depuis les pièces les plus lourdes jusqu'aux objets d'art les plus légers et les plus délicats. Elle sert à fabriquer des pièces de machine, de la poterie, des tuyaux, des poêles, des colonnes en fonte, des projectiles de guerre, des fourneaux, des tuyaux de conduite pour le gaz d'éclairage, des grilles pour jardins, des pièces de ponts, des coussinets de chemins de fer, etc. A l'époque de la guerre d'Italie, la forge a fabriqué des boulets cylindro-coniques ; ces boulets, comme on sait, sont creux à l'intérieur et garnis extérieurement de plusieurs ailettes en zinc ou en cuivre destinées à entrer dans les rainures des canons rayés. La préparation des moules et le spectacle des coulées sont, de la part des étrangers, l'objet d'un intérêt constant et d'une curiosité légitime. Dans l'atelier de moulage aux proportions gigantesques se trouvent deux cubilots (fourneaux Wilkinson, fourneaux à manches) pour faire de la fonte de deuxième fusion. Les cubilots ont un ventilateur spécial mis en mouvement par une petite machine à vapeur. Le minerai qui vient en partie des localités environnantes, en partie du duché de Nassau, est excellent et ne renferme aucune substance étrangère de nature à nuire à la qualité de la fonte. Les hauts-fourneaux ne marchent qu'au charbon de bois, ce dernier présentant sur le coke l'avantage de ne pas renfermer de soufre. Le voisinage d'immenses forêts fait que l'on peut obtenir le combustible végétal à meilleur marché que partout ailleurs. La forge occupe environ 125 à 150 ouvriers. On y fait deux à trois coulées par jour.

Derrière la forge, nous apercevons à notre gauche la promenade du Roi de Rome et le martinet, dominés par le château de Wasenbourg; à notre droite, sur la première montagne (le Vorderberg), un joli chemin en zigzag (promenade des Trois-Chênes) conduit à deux kiosques d'où l'on jouit d'une vue magnifique sur toute la partie septentrionale du Bas-Rhin; un peu plus loin, sur le versant occidental du Vorderberg, on remarque la promenade de Philémon et Baucis, ainsi appelée des deux beaux chênes qui en occupent le centre et dont les troncs s'entre-croisent de manière à ne plus former qu'un seul arbre et à figurer l'amitié qui unissait cet intéressant couple de la mythologie. Puis, c'est la Durstbach qui arrose la vallée aux Oies, et dont les sources portent le nom de sources du Nil, à cause de leur grande multiplicité; la vallée de la Durstbach est bornée à l'ouest, par le Lichteneck, dont la crête est peuplée de rochers à forme bizarre et variée. Enfin, nous remarquons le Zieckenberg, cette montagne en forme de cône ou de pain de sucre, la troisième à droite et la plus intéressante des trois, à raison des débris des temps celtiques qui la couronnent.

La promenade du Roi de Rome, qui date de 1811, est située à l'entrée de la forêt, à gauche de la vallée; elle offre de belles allées, et c'est un des sites que l'étranger recherche le plus volontiers pendant les grandes chaleurs de l'été.

Le martinet est situé un peu plus loin; autrefois destiné à casser la pierre à chaux qui sert de fondant dans la fabrication de la fonte, il a été converti, il y a quelques années, en une raffinerie d'acier.

Le château de Wasenbourg (de *Vogesus*, Wasgau, Vosges, et de *Burg*, château, forteresse), est un des plus intéressants buts de promenade des environs de Niederbronn. Débris du moyen âge, il domine fièrement la gorge de Bitche, à l'entrée de l'un des douze cols qui mettent l'Alsace en communication avec la Lorraine; il indique de loin la position de Niederbronn, et est situé à 437 mètres au-dessus du niveau de la mer. Plusieurs chemins conduisent à ce château. Le plus direct, mais en même temps le plus rapide et le plus fatigant, est celui qui, à travers la promenade du Roi de Rome, mène jusqu'au pied de la montagne qui supporte la ruine. Après avoir suivi un sentier inégal et pierreux, qui occupe le fond de la première petite vallée jusqu'à mi-hauteur de la montagne, on tourne brusquement à droite et l'on s'engage dans un chemin bien entretenu, qui bientôt vous conduit au but désiré. On peut aussi arriver à ce château par une pente plus douce et plus facile, en se dirigeant de la forge vers Oberbronn, et en suivant la lisière de la forêt. A un demi-quart de lieue de la forge, on prend un chemin à droite indiqué par un écriteau, qui porte le nom de Wasenbourg. Mais la voie la plus agréable, bien que la plus longue, est celle qui part d'Oberbronn même: on quitte cette localité à la hauteur de la mairie, et l'on suit le chemin de droite qui monte insensiblement jusqu'à la ruine.

Le château forme une enceinte carrée, dans la

quelle on aperçoit encore distinctement les traces des différents étages, des figures de têtes humaines, des cheminées en bon état de conservation. Reposant sur un énorme bloc de rocher, le Wasenbourg est un des ouvrages du moyen âge les mieux conservés et les plus remarquables par la solidité de leur construction. Du côté de la plaine, on voit plusieurs fenêtres, dont la supérieure se distingue par sa grandeur et par la belle dentelure gothique qui en décore la voûte; un escalier commode en bois, récemment établi, permet de l'atteindre, et met le touriste à même d'admirer le beau panorama de la plaine d'Alsace. Les murs du château sont très-épais, surtout ceux qui sont exposés à l'ouest et au midi : les attaques de l'ennemi n'ayant pu se faire que dans ces deux directions, il importait que les moyens de défense fussent mieux organisés de ces côtés-là. Le mur qui regarde Oberbronn, dépasse le château vers l'est; il est creux à sa partie supérieure. On aperçoit encore très-distinctement une fenêtre qui servait à éclairer un cachot établi dans son épaisseur. Le château est lui-même précédé de deux cours, l'une exposée à l'orient, l'autre au nord; la première communique avec une cave, à laquelle on arrive par une porte carrée.

Du côté de la vallée, à droite en entrant dans la cour orientale du château, on trouve gravée sur un rocher l'inscription romaine, dont voici une copie figurée :

DEO · MERCVRIO · ATTEGI
AM · TEGVLITIAM · COM
POSITAM · SEVERINIVS
SATULLINVS · C · Γ · EX · Vo
TO · POSVIT · L · L · M ·

Les initiales C Γ L·L M sont les abréviations des mots *Caii filius lubens loco monumenti. Loco monumenti* peut être remplacé par les mots *libero munere* ou *lactus merito*, ce qui change peu le sens général de la phrase. Voici, comment elle peut être rendue: «Au dieu Mercure, Severinius Satullinus, fils de Caïus, a consacré cette attegia (cet édicule, cette chapelle) couverte en tuiles et décorée, suivant son vœu accompli, de très-bon cœur.» Cette inscription n'a été retrouvée qu'en 1583. D'après une supposition de Rœsslin, mais dont rien ne démontre la réalité, elle remonterait à l'an 170 ou 180 après Jésus-Christ. Pour savoir quel est l'âge de cette inscription, on ne peut que la comparer à d'autres, dont l'origine est connue; en appliquant ce principe, on trouve que les lettres accouplées et d'inégale grandeur lui assignent pour date le troisième siècle de notre ère.

Mercure était la divinité de prédilection des populations vosgiennes; son culte se célébrait sur les lieux élevés, ce qui explique la présence de cette inscription sur le sommet d'une haute montagne. Les deux passages suivants, tirés de Tacite et de César, prouvent que les Gaulois et les Germains vénéraient spécialement ce dieu.

« *Deorum maxime Mercurium colunt, cui, certis* « *diebus, humanis quoque hostiis, litare fas ha-* « *bent.* » (TACITE, Mores Germanorum.)

« *Deum maxime Mercurium colunt: hujus sunt* « *plurima simulacra, hunc omnium inventorem* « *artium ferunt, hunc viarum atque itinerum du-* « *cem, hunc ad quæstus, pecuniæ mercaturasque* « *habere vim maximam arbitrantur.* »

(CÉSAR, De Bello Gallico, lib. VI.)

Selon Rœsslin, Severinius Satullinus était un gouverneur, un proconsul qui vivait du temps de Marc-Aurèle, était parent de la famille consulaire des Catulus et allié par sa mère à la famille de Severinius. D'après cette explication, la première lettre du mot Satullinus devrait être remplacée par un C. Nous nous rangeons plutôt à l'opinion de Schœpflin, qui pense que Severinius n'était qu'un modeste particulier; car, dit cet auteur, si c'eût été un personnage important, l'inscription en aurait certes fait mention. Le mot *attegia* qu'on ne retrouve que dans les inscriptions, est très-peu usité; Juvénal seul, qui vivait du temps de Trajan, l'emploie dans ses satires. *Tegulitiam* est employé pour *teguliciatam*, couvert en tuiles, et vient de *tegulum*, *tegmen*, *tegmentum* (toit, couverture). Le mot *tegulitiam* ne se trouve dans aucun auteur; cet adjectif latin a passé du rocher de Wasenbourg dans nos vocabulaires. Schœpflin le traduit par bâti en briques; cependant on ne comprend guère un édifice construit en briques sur la montagne de Wasenbourg, dans un endroit où la pierre est si commune. L'inscription ayant été gravée sur le rocher, au lieu d'être sur l'édicule même, on doit en conclure que ce dernier n'était pas bâti en pierres, mais seulement en bois. Enfin, nous ferons observer que le mot *compositam* est employé dans le sens de *orné*.

Les documents historiques ne nous font connaître le château de Wasenbourg que depuis l'an 1400, où Jean de Lichtenberg l'acheta de Guillaume de Born, qui le tenait en fief des évêques de Strasbourg. Les têtes humaines sculptées, qui revêtent les parois intérieures du château, sont des produits de l'art alsacien au treizième siècle : il paraîtrait donc que la construction du château de Wasenbourg lui-même date de cette époque. Jean de Lichtenberg donna le château de Wasenbourg en sous-fief à un Hoffwarth de Kirchheim, gendre du vendeur; il passa, dans la suite, aux Nietheimer, qui en prirent le nom; à leur extinction, arrivée en 1750, ils furent remplacés par les Gayling d'Altheim, originaires du comté de Hanau. Il fait aujourd'hui partie des propriétés de Mme Schwilgué, née comtesse de Stralenheim. Le Wasenbourg fut habité jusqu'à la fin du dix-septième siècle. Rœsslin, dont l'ouvrage date de 1592, dit que le toit du château étant tombé, il n'a plus été habité à partir de cette époque; cependant, il est plus que probable que la toiture fut réparée plus tard, et que ce manoir continua à être habité, comme par le passé, jusqu'à l'époque dont nous venons de parler.

En 1755, on a trouvé près du château de Wasenbourg la partie inférieure d'un cippe, d'un autel qui a été transporté au musée des antiques de Strasbourg; on y lit l'inscription suivante :

LEG VIII AVG
V. S. L. L. M.
IMP. ANTONINO
ET G≡C. COS

Legio octava Augusti votum solvit lubens libero munere, imperatore Antonino iterum et Geta Cæsare consulibus. Antoninus est un des noms portés par Caracalla; on sait que cet empereur s'appelait Marcus Aurelius Antoninus Bassianus Caracalla. Le nom de Geta est effacé avec soin par ordre, sans doute, de Caracalla, qui assassina son frère dans les bras de sa mère. Il est possible de fixer la date précise de l'inscription, sachant que Caracalla et Geta n'ont régné ensemble qu'un an (de 211 à 212 après Jésus-Christ). Comme le cippe a été trouvé près d'un édifice consacré à Mercure, il est extrêmement probable que c'est à ce dieu que ce vœu était fait. On peut donc affirmer, avec quelque vraisemblance, qu'au-dessus de la première ligne s'en trouvait une autre avec les mots *Deo Mercurio.* Enfin, nous ajouterons que l'empereur Caracalla a parcouru les Gaules pendant son règne, et, qu'au siècle dernier, on a déterré à Kœnigshoffen des carreaux, sur lesquels on lisait également les mots de VIIIe légion d'Auguste.

On a encore trouvé sur le plateau de la montagne des tessons de poterie, des fragments de tuiles à rebords, des verres de vitres verts (dont on trouvera quelques échantillons au musée de Niederbronn). Enfin, non loin du château, dans la direction d'Oberbronn, on voit aussi les débris d'un tumulus celtique.

A quelques pas de l'enceinte du château, et tout à fait à l'extrémité de la montagne, se trouve un rocher qui domine la vallée vers le nord; il se rattachait sans doute, dans les temps anciens, aux ouvrages du fort, comme il paraît résulter des traces que le ciseau y a laissées. Ce rocher peut avoir 10 mètres de hauteur; il est carré, et chacune de ses faces a de 4 à 5 mètres de largeur.

En suivant la crête de la montagne du côté d'Oberbronn, à 1 kilomètre environ du château de Wasenbourg, on arrive à un kiosque nouvellement établi qui met le baigneur à même de se reposer et d'admirer la plaine d'Alsace, le Rhin, la flèche de la cathédrale de Strasbourg, tout un horizon limité par la chaîne de la Forêt-Noire, dans le grand-duché de Bade.

Nous descendons de la montagne et nous revenons sur la route de Bitche, pour pénétrer dans les

Vosges. La route se distingue par son bel état d'entretien et par le peu de côtes ou d'inégalités qu'elle présente à travers plusieurs lieues de montagnes.

C'est avec une certaine émotion qu'on s'avance pour la première fois dans cette contrée hérissée de monts et de collines, coupée de vallées sans nombre. Les forêts qui couvrent partout la montagne, animent cette nature pittoresque: çà et là d'immenses roches de grès s'avancent dans les vallées et dépassent les cimes des arbres. Fréquemment le promeneur s'arrête à leur vue, surpris par la hardiesse de leur élévation ou par la bizarrerie de leurs formes.

Aussitôt qu'on a pénétré dans la montagne, on aperçoit à sa gauche le hameau de Wasenbourg, qui s'étend parallèlement à la route jusqu'à la scierie de M. Blum, à 4 kilomètres de Niederbronn. Les piétons feront mieux de prendre le chemin qui, en longeant le ruisseau, traverse le hameau en question et leur fournit une promenade plus agréable. Ils pourront, en passant, jeter un regard sur la maison construite, il y a plus de 90 ans, par un baigneur distingué, le comte Maurice de Brühl, qui, pour se donner du mouvement, eut l'idée d'aller maçonner plusieurs heures par jour et aussi longtemps que dura sa cure, persuadé que l'exercice était le meil leur auxiliaire des eaux minérales[1]. La maison du comte Maurice est la seconde après le martinet. Au-dessus de la porte d'entrée on lit :

ANNO H I F 1770

et, sur le bas du mur qui borde le sentier, on trouve les lettres

M v B M F

ce qui veut dire : *Anno hic inchoata fabrica 1770, Mauritius von Brühl me fecit.*

Ce Maurice de Brühl, qui charmait les loisirs de l'émigration en élevant dans nos Vosges ce petit monument, était le fils du célèbre Henri, comte de Brühl, ministre d'Auguste III, roi de Pologne et électeur de Saxe.

Lorsqu'on est arrivé près de la scierie de M. Blum, on voit à sa gauche et un peu sur la hauteur une jolie petite chapelle.

Mais revenons sur nos pas pour visiter le camp celtique situé sur le sommet du Zieckenberg, ou Seckenberg de la carte de l'état-major, à 493 mètres au-dessus du niveau de la mer, étant par conséquent de 55 mètres plus élevé que le château de Wasen-

1. Voyez l'ouvrage publié par mon père sous le titre de *Description de Niederbronn*. Paris et Strasbourg, 1835.

bourg, situé en face. On peut atteindre le Zieckenberg soit en prenant le chemin qui débouche dans la première vallée (vallée aux Oies) sur la gauche, soit en suivant le sentier qui se trouve au bas de la seconde vallée. Ces deux chemins côtoient l'un et l'autre le versant occidental de la seconde montagne, puis se confondent et tournent brusquement à gauche pour se diriger sur la hauteur en question.

Sur un espace d'une longueur de 600 mètres et d'une largeur de 100 mètres environ, on rencontre une masse de rochers et de pierres dont les unes sont irrégulières, les autres régulières à formes géométriques définies. On ne tarde pas à reconnaître que ces pierres formaient la clôture de plusieurs enceintes situées sur des plateaux; la dernière enceinte, la plus antérieure, la mieux conservée et la plus élevée, forme un ovoïde d'une longueur de 100 mètres, d'une largeur de 60; elle est circonscrite par des blocs de rochers de plusieurs mètres de hauteur, simplement superposés les uns sur les autres, réunis sans ciment et sans même avoir été dégrossis.

Dans la direction de la vallée on remarque deux pierres levées ayant la forme d'un triangle isocèle de 3 à 4 mètres de hauteur; plates et placées parallèlement l'une à l'autre, elles sont debout sur un bloc de rocher. Quelques antiquaires pensent que ces deux pierres formaient un menhir dont la pierre supérieure transversale, le dolmen, aurait disparu. Nous pensons plutôt que ces deux blocs faisaient partie de l'enceinte, que leur position verticale est tout à fait accidentelle et que dans le principe ils ne formaient qu'une seule et même masse que la gelée aura divisée.

Nous ajouterons que, dans ces derniers temps, on a trouvé au centre du Zieckenberg une meulière en grès vosgien qui paraît remonter à l'époque cel tique.

Malgré le nom de camp celtique donné à cette enceinte, on ne saurait prétendre que cet enclos fût un oppidum où les Celto-Gaulois cachaient leurs familles et leurs troupeaux à l'approche de l'ennemi, et cela pour plusieurs raisons. L'enceinte n'a pas plus de 6,000 mètres carrés de superficie; puis la hauteur très-peu considérable des murs eût été d'une bien faible défense contre l'ennemi; enfin, il ne jaillit aucune source dans l'espace ainsi circonscrit. Ces enceintes n'avaient pas une destination militaire, elles avaient une destination religieuse et servaient à la célébration du culte druidique; elles formaient les temples primitifs d'une nation qui croyait qu'il convenait peu à la majesté divine qu'on enfermât son image dans un édifice quelconque.

A la distance d'un kilomètre environ sur la croupe de la montagne voisine, le Wintersberg, on voit sculptée sur un rocher, exposé au sud-est, une figure de femme qu'on s'accorde à considérer comme celle d'une divinité celtique ou romaine. Rien de plus grossièrement travaillé que cette figure. Taillée dans le creux, elle a 1^{m},55 de hauteur sur 0^{m},67 de largeur aux épaules; elle est désignée dans le pays sous le nom de *Geilerliss* ou de *grosse Liss*. On suppose que c'est la Vénus Genitrix ou bien l'Abnoba ou Diane Vogesa, la déesse des fontaines, des forêts, de la chasse et des montagnes. Le culte de l'Abnoba a laissé quelques traces dans plusieurs localités des Vosges, où les jeunes garçons vont encore la veille de Noël, à l'heure de minuit, déposer des fleurs ou des rameaux d'arbres verts sur les bords de la fontaine du village.

Après avoir vu cette figure si intéressante au point de vue archéologique, nous redescendons dans la vallée, nous remontons le ruisseau en suivant la route de Bitche. A 6 kilomètres de Niederbronn nous apercevons la borne qui sépare le département du Bas-Rhin de celui de la Moselle, puis nous arrivons à Philippsbourg, dont les maisons présentent déjà dans leur construction le style lorrain. Ce village est limité à gauche et à droite par deux rochers d'une grande élévation ; c'est à Philippsbourg qu'on quitte la route pour aller à Bærenthal, qui est situé à 4 kilomètres de là sur la gauche. A l'entrée du vallon qui fait communiquer Philippsbourg avec Bærenthal, on voit les débris d'une maison de plaisance du comte Philippe V de Hanau ; de ce château il ne reste plus que quelques pans de mur formant une clôture de jardin. Cette résidence du comte de Hanau a donné son nom au village actuel de Philippsbourg.

Le château de Falckenstein est à une petite distance de Philippsbourg. On quitte la route à la hauteur de la maison forestière qui précède Lieschbach et on prend le chemin sablonneux de droite qui vous conduit au bout d'un quart d'heure à cet antique manoir. Le Falckenstein s'étale majestueusement sur la crête d'une montagne, à 370 mètres au-dessus du niveau de la mer ; c'est une des plus belles ruines de la contrée par son étendue et par le grand nombre de chambres taillées dans le roc. La masse du rocher est dominée par quelques débris de tours et de murailles ; un pont et plusieurs escaliers en bois permettent aux promeneurs de visiter les parties les plus intéressantes et les plus élevées de ce château.

Autrefois, il appartenait aux comtes de Lützelbourg qui, dans plusieurs chartes, sont appelés comtes de Falckenstein ; il donna plus tard son nom à une famille noble qui s'éteignit en 1583 : elle avait vendu, en 1563, le château aux comtes de Deux-Ponts-Bitche et de Hanau. Peu d'années après cette vente, en 1566, il fut incendié par la foudre. Par les traités de Campo-Formio et de Lunéville, l'empereur d'Allemagne, François II, céda à la France tous ses droits sur le château de Falckenstein. Aujourd'hui encore, le Falckenstein fait partie des domaines de l'État.

Dans une excavation du rocher, dit la légende, apparaît quelquefois l'ancien tonnelier du château.

« On le voit à certaines époques de l'année, armé « de son classique marteau, descendre lentement l'es- « calier à demi écroulé qui conduit aux caves du « château, et l'on ne tarde pas à entendre les coups « redoublés de son marteau retentir sur les futailles. « Plus les coups sont pressés, plus ils font vibrer « énergiquement les échos de la vallée, plus aussi, « dit-on, la vendange de l'année sera abondante et « le vin de qualité supérieure[1]. »

Cette même légende a inspiré aux frères Stœber les vers allemands que voici :

1. Dupuy, *Souvenirs de Niederbronn.*

« Im Philippsburger Thale hebt sich der Falckenstein,
« Wirft in den klaren Weiher sein dunkles Bild hinein.

« Von dem geht manche Sage erfreulich in die Rund,
« Sie klingt in hellen Liedern aus Köhlermägdleins Mund.

« Doch Einer ist's, den heute mein lautes Singen preist:
« Der lust'ge Kiefermeister, der guten Wein verheisst.

« Den hat kein Mensch gesehen, doch wenn erschallt sein Lied,
« So wird im ganzen Thale kein Ohr mit Horchen müd.

« Und wenn ein Herbst soll bringen recht süsse Traubenlast,
« So hat der fleiss'ge Meister im Schlosse keine Rast.

« Es tönet mitternächtlich, oft bis zum lichten Tag,
« Tief aus den grauen Trümmern sein heller Kieferschlag.

« Man hört ihn Fässer rollen, und füllen bis zum Rand,
« Man hört ihn sie versenken in kühle Felsenwand.

« Des freut sich in dem Thale manch durstig Brüderlein,
« Möcht gern dem reichen Meister ein gut Geselle sein.

« Doch wenn er steigt zum Berge, und hoch im Schlosse steht,
« So ist im Blätterlispeln der Zauber längst verweht.

« Viel dunkelgrüne Tannen steh'n da in starrer Ruh,
« Die rütteln sich und schütteln ihm braune Zapfen zu. »

(ALSABILDER.)

A peu de distance de Lieschbach, se trouve le hameau de Bannstein, où la famille de Dietrich vient de faire établir une grande scierie avec des appareils pour l'injection des bois.

Près de Bannstein débouchent à droite et à gauche deux chemins qui croisent perpendiculairement la grande route; celui de gauche mène, en assez droite ligne, à l'importante usine de Mouterhausen, l'autre conduit au château et au hameau de Waldeck (à 2 kilomètres environ de la route). La ruine de Waldeck se présente sous forme d'une belle tour carrée, en parfait état de conservation, au milieu d'un paysage riant; elle faisait autrefois partie du comté de Bitche. Chrétien-Louis, comte de Waldeck, épousa, en 1658, Anne-Élisabeth, fille unique de George-Frédéric de Ribeaupierre. Le comte de Waldeck fut dépouillé de tous ses biens par Louis XIV.

Bientôt nous voyons Bellerstein, petit hameau, puis le village d'Egelshardt, avec sa belle église gothique moderne; nous passons devant la scierie Bloch, et nous sommes au bas du Pfaffenberg, la seule montée que nous ayons à gravir depuis Niederbronn jusqu'à Bitche. Arrivé au haut de la colline, on n'a plus que quelques pas à faire, et l'on se trouve agréablement surpris par la vue de la belle forteresse de Bitche qui domine fièrement toute la campagne environnante. Quant à la ville, on ne l'aperçoit que lorsqu'on est parvenu tout près des portes.

La ville de Bitche, dont l'ancien nom est Kaltenhausen, compte une population de 3,000 âmes; elle est arrosée par le ruisseau le Horde, qui circule autour du fort. Le château est situé à 404 mètres au-dessus du niveau de la mer; le roc qui le supporte a plus de 50 mètres de haut. Par ses constructions magnifiques, par la masse étonnante de rochers sur laquelle s'élèvent ces hardis ouvrages, il atteste tout à la fois la puissance de l'art et celle de la nature. L'enceinte du fort se compose de 4 bastions avec une demi-lune couronnée et un ouvrage à cornes; il peut être armé de 80 pièces de canons. Cette importante forteresse renferme tous les établissements nécessaires pour le logement et les approvisionnements d'une garnison de 1,000 à 1,200 hommes.

Il ne reste de la première époque de sa construction, que la chapelle et le logement du gouverneur, converti depuis en caserne. Tous les autres bâtiments ont été élevés depuis 1736. Au-dessous de l'enceinte supérieure s'en trouve une seconde, établie sur un plateau inférieur; elle est entourée d'un chemin couvert dont les glacis s'étendent par une pente fort raide jusqu'au niveau du sol. Les étages souterrains, creusés dans le roc sous ces bâtiments, et voûtés à l'épreuve de la bombe, assurent aux défenseurs un abri contre l'incendie des étages supérieurs, seul genre d'attaque probable contre le château. Ces souterrains présentent dans leur disposition la répétition des localités supérieures, et l'on y trouve, outre le logement des troupes et de leurs officiers, tous les magasins nécessaires aux approvisionnements des vivres et des munitions, un hôpital de siége, une boulangerie et ses fours, une immense écurie pour les bestiaux, un très-beau et vaste puits taillé dans le roc d'une profondeur de 80 mètres.

L'origine de ce château se perd dans la nuit des temps; il avait déjà beaucoup d'importance dès le onzième siècle, et formait le chef-lieu d'un comté qui fut tantôt indépendant, tantôt réuni aux domaines des princes de Deux-Ponts, de Lorraine ou d'Alsace. Fortifié en 1683 par Vauban, le château de Bitche fut rasé en 1698, en exécution d'un article du traité de Ryswick; rétabli en 1702, au commencement de la guerre de succession, et rasé de nouveau en 1714, après la paix de Rastadt, il a été relevé définitivement depuis la réunion de la Lorraine à la France, en 1736. Plus de trois millions ont été employés depuis cette époque, pour mettre cette forteresse dans l'état où on la voit aujourd'hui.

Les comtes de Deux-Ponts-Bitche eurent constamment à soutenir des luttes sauvages avec leurs voisins, surtout avec Saarwerden et La Petite-Pierre. En 1447, c'est-à-dire trois ans avant la bataille de Reichshoffen, les frères Jacques et Guillaume de La Petite-Pierre surprirent sans motif, sans déclaration de guerre, le château de Bitche, où résidait alors le seigneur Fréderic, qui avait participé en 1440 à la ligue contre les Armagnacs, avec ces mêmes seigneurs, maintenant ses adversaires.

Jacques et Guillaume de La Petite-Pierre avaient traversé, sans être aperçus, le village, et escaladaient déjà les murs du château, lorsque le comte Fréderic fut averti par un valet de chambre fidèle. Avec ce serviteur, il se sauve à demi vêtu, gagne le mur d'enceinte et se sert des mêmes échelles de corde qui venaient d'être appliquées par les ennemis, pour entrer dans le fort. Le comte Fréderic et son serviteur tombent sur les rochers; le comte perd connaissance, et hissé à demi mort sur un cheval de labour, est ainsi conduit vers le château de Lemberg, où se trouvait en ce moment sa femme Anne, la comtesse de Salm.

Les sires de La Petite-Pierre avaient eu le temps de prévenir la fuite des deux enfants du seigneur de Bitche, ils s'en étaient emparés; ils les retinrent à titre d'otages, ainsi que les deux beaux-frères du seigneur Fréderic.

A peine la comtesse eut-elle appris le sort de ses deux enfants qu'elle accourut à Bitche; à la porte de Kaltenhausen elle rencontre Guillaume de La Petite-Pierre, qui veut l'empêcher de passer outre; mais, courageuse comme une lionne dont on aurait enlevé les petits, elle se précipite sur le ravisseur, le prend par la barbe, tire un couteau-poignard dont elle est armée et le menace comme aurait fait une dame romaine. Guillaume de La Petite-Pierre, intimidé, laisse passer la mère furibonde, qui trouve au pied du fort le plus jeune de ses enfants couché dans son berceau; un autre de ses enfants, un garçon de neuf ans, était retenu dans le castel. On veut permettre à la comtesse d'emporter l'un de ses enfants; elle se refuse courageusement à ce partage inhumain, lance des imprécations terribles contre les détenteurs de sa pauvre famille et retourne seule auprès de son mari à Lemberg.

Le comte Fréderic de Bitche ne resta point isolé dans sa détresse. La maison palatine vint à son secours; Louis V, Frédéric le Victorieux, Étienne de Deux-Ponts-Veldenz firent le siége de Bitche en même temps que le duc de Lorraine, dans l'intérêt du comte Frédéric, cherchait à s'emparer de La Petite-Pierre.

Nous sommes en mai 1447; le comte Jacques de La Petite-Pierre, désespérant de pouvoir défendre à la longue sa récente capture, se décide à quitter le château de Bitche, après avoir donné l'ordre de brûler Kaltenhausen. Cet ordre cruel fut exécuté.

Cette fois cependant, la victoire finale resta au bon droit. Bitche et La Petite-Pierre furent repris; la garnison ennemie qu'on avait laissée sortir avec ses bagages, fut attaquée et dispersée pendant sa retraite par une bande de paysans exaspérés, et les enfants du comte de Bitche, que Jacques de La Petite-Pierre avait emmenés, furent délivrés bravement par Eberhard d'Andlau. Kaltenhausen se releva de ses ruines; l'incident de 1447 ne laissa d'autres traces que des cicatrices dans le cœur d'une mère outragée[1].

Le fort de Bitche n'a jamais été assiégé. Cependant, en 1793, dans la nuit du 16 au 17 novembre, un corps prussien de 5 à 6,000 hommes tenta de s'en rendre maître par surprise. La place n'était dé

1. L. Spach, *Courrier du Bas-Rhin* du 22 juin 1864.

fendue que par 7 à 800 hommes. Des manœuvres avaient été employées : la corruption avait semé l'or jusque dans l'intérieur de la place, et le château qui, loyalement attaqué de vive force, serait au-dessus de tous les efforts humains, allait voir la trahison abaisser et ouvrir ses portes. Le commandant, son adjudant et le concierge du fort, séduits par la promesse d'une récompense infâme, avaient fait passer à l'ennemi les clefs qui devaient l'introduire dans la forteresse. L'ennemi, après avoir commencé l'investissement de la place sur un rayon de deux lieues, s'en approche par une marche forcée, à la faveur des ombres de la nuit ; il escalade les ouvrages du plateau inférieur, surprend et tue les sentinelles, et parvient jusqu'à la dernière porte de communication de ces ouvrages avec le plateau supérieur. Un être obscur devient l'instrument de la Providence, pour déjouer cette horrible trame : le gardien des bestiaux de la place entend un bruit sourd, il prête l'oreille, il distingue un langage étranger et donne l'alarme. La brave garnison, comprenant le danger, prend les armes, se précipite sans vêtements, avec la rapidité de l'éclair, à la dernière porte attaquée ; elle frappe comme la foudre, une grêle de mousqueterie, de grenades et d'autres projectiles arrête l'ennemi qui, croyant être sûr du triomphe, est surpris à son tour; il fuit épouvanté; les avenues du château sont couvertes de ses morts et la place est sauvée. Cependant une partie de la colonne ennemie, engagée dans un escalier dont les issues sont battues par le feu de la mousqueterie, est forcée d'attendre le jour dans cette terrible position; elle est faite prisonnière de guerre au nombre de 300 hommes. Mais déjà l'adjudant, le concierge, ces traîtres vendus à l'étranger, ont suivi les lâches avec lesquels ils avaient fait une coupable alliance. Le commandant seul est arrêté, et le lendemain il est jugé, condamné et tombe frappé du plomb vengeur au milieu de ces ouvrages qu'il avait juré de défendre et qu'il allait livrer.

Pendant les guerres de l'Empire, le château de Bitche servit de lieu de détention pour les prisonniers de guerre anglais; l'on voit encore de nombreuses inscriptions gravées par eux sur les murailles.

Nous ne quitterons pas Bitche sans visiter la verrerie de Saint-Louis, en allemand, *Münzthal*, un des plus importants établissements de cristallerie de toute la France. Saint-Louis est à trois lieues de Bitche; on y arrive par un chemin sablonneux qui monte d'abord insensiblement jusqu'au village de Lemberg, qui descend ensuite brusquement jusqu'à la verrerie.

Dans cette usine, qui date de 1765, on verra successivement l'atelier où se fabriquent les moules qui donnent la forme aux différents produits de la verrerie; l'atelier des ouvriers qui taillent et polissent les cristaux; le grand atelier où le verre est soufflé et où les ouvriers sont disposés avec leurs longs tubes autour d'un vaste fourneau qui contient la matière en fusion, enfin le grand magasin où sont déposées les pièces les plus précieuses. La verrerie de Saint-Louis appartient actuellement à une compagnie d'actionnaires.

Il existe dans les environs de Saint-Louis quelques établissements analogues de moindre importance, tels que Meisenthal, Gœtzenbrück, Althorn, Altschmelz.

Au lieu de revenir à Niederbronn par la grande route de Bitche, nous prenons le chemin qui passe par l'usine de Mouterhausen. Cette usine, située à deux lieues de Saint-Louis, se compose de la forge proprement dite, d'un martinet (où l'on fabrique des essieux en fer), d'un haut-fourneau et d'un petit marteau transformé en une raffinerie d'acier. L'usine de Mouterhausen, qui est très-ancienne (on a trouvé une pièce sortant des ateliers de Mouterhausen portant le millésime de 1563), était autrefois la propriété d'une société d'actionnaires; elle appartient depuis 1842 à la famille de Dietrich, qui y a fait établir la première machine à vapeur. Cette forge travaille avec douze fours à puddler, six trains de laminoirs, quelques marteaux-pilons, plusieurs fours à réchauffer et à souder, quelques feux pour la préparation de l'acier fondu. Les moteurs consistent en une roue hydraulique (de 50 chevaux) et en dix-huit machines à vapeur dont la plus puissante a une force de 120 chevaux.

Nous visitons l'établissement et nous remarquons les fours à puddler (de l'anglais *to puddle*, gâcher) dans lesquels la fonte, d'acier ou de fer, est chauffée par la flamme du combustible. La fonte est continuellement brassée avec un mélange de scories riches en fer, de battitures et de sel marin; cette opération a pour but de faire réagir l'oxyde de fer sur la fonte, afin de brûler complétement son carbone. Puis, on forme avec le fer une loupe que l'on porte d'abord sous le marteau et ensuite sous les cylindres dégrossisseurs. On la coupe lorsqu'elle est rouge, on en forme des paquets que l'on porte au blanc soudant dans le four à réchauffer et que l'on soumet de nouveau à l'action des cylindres dont la forme varie suivant celle des échantillons que l'on veut obtenir.

Dans ces derniers temps, la fabrication de l'acier a pris une grande extension à Mouterhausen. L'acier est non-seulement préparé dans les fours à puddler, mais encore d'après le procédé de l'Anglais Bessmer. Par cette nouvelle méthode, on décarbure la fonte aciéreuse par l'air dont l'oxygène brûle le carbone en excès, de manière à former de l'acier. La fonte aciéreuse en fusion est coulée dans une cucurbite en fonte renflée à son milieu, effilée à ses deux extrémités, d'une hauteur de plus de 2 mètres. Le bas du récipient communique avec une machine soufflante destinée à refouler l'air dans la masse fondue. Pour soutenir une colonne de fonte aussi élevée, il y a une soufflerie qui est mise en mouvement par une machine à vapeur de la force de 120 chevaux. L'air, en pénétrant dans cette masse liquide, la boursoufle, la fait bouillonner et produit la réduction dont nous venons de parler. La fonte est ensuite coulée dans des lingotières. La fonte de fer et la fonte d'acier (fonte blanche manganésifère) employées à cette usine proviennent non-seulement de la fonderie de Mouterhausen, mais encore de celles de Niederbronn, de Mertzwiller et d'Asslar (Prusse rhénane). On fabrique à Mouterhausen des bandages de roues de locomotives et de wagons en fer et en acier, des rails en acier, des essieux en fer, de la tôle fine et forte, des aciers et fers de commerce. La fabrication des bandes à rebords et des rails a pris des développements croissants justifiés par les témoignages les plus flatteurs des ingénieurs des grandes lignes de fer de France. Plus de 500 ouvriers logés aux frais de l'établissement trouvent un travail constant à l'usine de Mouterhausen.

Après Mouterhausen, la vallée devient de plus en plus large; nous arrivons bientôt à Bærenthal (à une lieue plus loin), commune également industrielle, placée dans un site des plus sauvages. Les dîners de l'hôtel du Bœuf rouge, à Bærenthal, attirent chaque été un grand nombre d'étrangers dans ce village: chaque baigneur veut goûter la soupe aux écrevisses, les truites, les bons vins servis par le sieur Krug. Mais ce n'est pas là le seul attrait de cette localité: une visite au château de Ramstein, ou à l'usine de Bærenthal, ou bien le récit de quelque bohémienne diseuse de bonne aventure occuperaient les loisirs du promeneur en ces lieux.

L'usine de Bærenthal, construite, en 1780, par M. Drion, ancien régisseur des forges du Bas-Rhin, est aujourd'hui la propriété de MM. Coulaux et Cie. Cet établissement se composait autrefois d'un haut-fourneau, d'un martinet et d'une platinerie; les propriétaires actuels y ont apporté de notables changements. Cette usine comprend actuellement un four à puddler dont le tirage se fait au moyen d'une grande cheminée, un cubilot, deux laminoirs, des feux d'affinage de fer, trois feux d'affinage d'acier, deux raffineries d'acier. Vingt-cinq roues hydrauliques servent de moteurs aux souffleries et aux marteaux de cet établissement. Essentiellement destinée à fabriquer des fers et des aciers pour le service des manufactures de Molsheim, Gresswiller et Klingenthal, l'usine de Bærenthal occupe une centaine d'ouvriers.

Des fenêtres de l'hôtel du Bœuf on aperçoit les ruines du château de Ramstein; de ce vieux manoir, détruit en 1336, il ne reste plus qu'un pan de mur et quelques chambres taillées dans le roc. Le château repose sur un monticule conique de peu d'élévation et isolé de toutes parts. Une famille de Ramstein tenait une partie du château en fief des évêques de Strasbourg; l'autre partie était inféodée à la famille de Botzenheim, qui a produit plusieurs hommes distingués et à laquelle appartenait Jean de Botzenheim, ami d'Érasme, et l'un des protecteurs de la renaissance des lettres au commencement du seizième siècle[1].

1. Voyez Schweighæuser.

A Bærenthal, nous quittons la vallée de la Zinzel pour nous diriger vers la route de Bitche, vers Philippsbourg. La forêt qui sépare ces deux villages présente un grand nombre de rochers de forme bizarre et variée. Arrivés à Philippsbourg, nous apercevons sur notre gauche les ruines du château du comte de Hanau, dont nous avons déjà parlé.

III.

DIRECTION DE JÆGERTHAL.

Wohlfahrtshoffen, Rauschendwasser, Jægerthal, Riesacker, Windstein, Schœneck, Wineck, Wittschlœssel, Hohenfels, Stürtzelbronn.

La vallée de Jægerthal (autrefois vallée de Windstein, Windsteinthal) est sans contredit une des parties les plus pittoresques des environs de Niederbronn; elle est parcourue par la Schwartzbach, qui prend sa source près de Stürtzelbronn (Moselle), coule du nord-ouest au sud-est, arrose successivement Neunhoffen, Dambach, Jægerthal et va se jeter dans le Falckenstein, à la hauteur de Reichshoffen.

Deux chemins parfaitement carrossables conduisent à Jægerthal. L'un, le plus direct, part de Niederbronn et franchit les hauteurs qui séparent cette localité de Jægerthal; c'est le plus fatigant en raison de la hauteur que l'on est obligé de monter et de descendre. L'autre, passant par Reichshoffen, fait un détour; mais il n'a pas, comme le précédent, l'inconvénient de la montée et de la descente.

En prenant le chemin de Reichshoffen à Jægerthal, on remarque à peu de distance de la première de ces localités une papeterie, mue en partie par la vapeur, en partie par l'eau; à cette papeterie se trouve annexée une scierie hydraulique. Après avoir laissé à sa gauche une tuilerie, on arrive bientôt à la chapelle de Wohlfahrtshoffen, à 1 kilomètre seulement de Reichshoffen. Ce lieu de pèlerinage qui est, de nos jours encore, très-fréquenté, appartient à la fabrique de l'église de Reichshoffen. Dédiée à la sainte Vierge et à saint Loup, cette chapelle, dont l'origine remonte au treizième siècle, a été remplacée, il y a quelques années, par une construction moderne qui ne rappelle plus l'ancienne origine de ce lieu de pèlerinage; du bâtiment primitif, il ne reste plus que le chœur. Extérieurement et à la droite de la porte d'entrée, on remarquait, jusqu'en 1851, une chaire en pierre supportée par un pilier à demi encastré dans le mur. La chapelle de Wohlfartshoffen est bâtie sur l'emplacement et avec les matériaux d'un temple romain: ce qui le prouve, ce sont les tuiles romaines, les fragments de bas-reliefs et les chapiteaux qu'on a trouvés dans le voisinage de cet édifice.

En continuant notre route et en remontant la Schwartzbach, nous arrivons bientôt à l'usine de Rauschendwasser. Un peu au-dessous de cette forge et à la limite du muschelkalk et des marnes irisées, jaillit une source abondante qui, n'étant pas captée, se mêle aux eaux douces environnantes, et forme avec elles une flaque d'eau jaunâtre. L'eau est froide, légèrement salée et semble présenter, mais à un degré plus faible, les mêmes propriétés que celle de Niederbronn; elle n'est pas utilisée.

La forge de Rauschendwasser, construite en 1767 par le baron de Dietrich, est un établissement dépendant de Jægerthal où l'on affinait, jusque dans ces derniers temps, la fonte, de même qu'à l'usine dont elle dépend. Les feux d'affinerie de fer ont été remplacés en novembre 1863 par deux feux de raffinerie d'acier. La soufflerie qui alimente le foyer de ces feux est mue par une turbine, et le marteau par une roue hydraulique. On remarque en outre, à Rauschendwasser, un laminoir qui ne fonctionne plus depuis quelques années. Les piétons qui désirent se rendre à cette usine sans passer ni par Reichshoffen, ni par Jægerthal, peuvent prendre un chemin plus direct à travers la forêt.

Enfin, nous arrivons à Jægerthal. La vallée se présente le plus avantageusement un peu au-dessus du château de M. A. de Dietrich, qui occupe sur la pente de la montagne une position des plus riantes : on voit à peu de distance devant soi une petite chapelle, la forge et l'étang qui se prolonge sous l'ombre de belles forêts, dans le lointain on distingue les deux ruines de Windstein qui ferment le tableau et bornent l'horizon dans cette direction, le tout d'un aspect à la fois plein de majesté et de grâce.

La forge de Jægerthal date de 1602. L'autorisation d'établir cette usine fut concédée en cette année par le comte de Hanau, alors seigneur et propriétaire de la terre de Niederbronn, à un nommé Jæger. M. le baron de Dietrich acquit cette terre, avant la révolution, des héritiers Ensinger, qui s'étaient arrangés avec les Schwartzerden, successeurs de Jæger. Le bel établissement de Jægerthal fut assis sur le ruisseau de Windstein qui formait la limite entre la terre de ce nom (qui appartenait à la famille noble de Dürckheim) et celle de Niederbronn.

La forge de Jægerthal comprend cinq feux d'affinerie, quatre marteaux et un haut-fourneau. Les marteaux sont mus par deux roues hydrauliques, une machine à vapeur (de la force de 16 chevaux) et une turbine. Tous les feux sont entretenus au moyen du charbon de bois, et une machine à vapeur (forte de 30 chevaux) met en mouvement la soufflerie qui les active. Nous ferons surtout remarquer la disposition de la machine à vapeur : les deux chaudières sont situées au-dessus des feux d'affinage; la vapeur, en même temps qu'elle fait aller la machine soufflante, communique sa force à un piston qui aspire directement l'eau de l'étang situé derrière l'usine et la refoule dans les chaudières. Le haut-fourneau, récemment reconstruit, se trouve, sous tous les rapports, dans les meilleures conditions; la soufflerie qui l'alimente est mise en mouvement par une machine à vapeur (forte de 18 chevaux) et par une turbine; ces deux moteurs fonctionnent, ensemble ou séparément, suivant le volume d'eau du ruisseau; une petite machine, forte de 2 chevaux, fait monter jusqu'au gueulard le minerai, le charbon et la castine qui servent à la préparation de la fonte. La forge de Jægerthal fabrique des fers en barres qui sont livrés au commerce tels quels. Les fers de Jægerthal sont très-recherchés; ils portent tous une marque de fabrique, un cor de chasse; cette marque a toujours été obligatoire pour justifier auprès des consommateurs de la véritable origine de ces fers. L'usine occupe une centaine d'ouvriers environ.

On peut encore aller à Jægerthal en passant par le Riesacker.

Le Riesacker est une ferme qui fait partie de la commune de Niederbronn et appartient actuellement à M. A. de Dietrich, père. Située à 3 kilomètres nord de Niederbronn, au bas de la pente orientale des Vosges, et contre la lisière du bois qui couvre cette chaîne de montagnes, cette cense est assise sur un plateau, à 263 mètres au-dessus du niveau de la mer; elle est entourée de toutes parts de forêts, ce qui la garantit des vents du nord, et rend en même temps la température de l'air plus uniforme. Les terrains à l'entour de cette ferme sont très-fertiles, et de tout temps les fruits du Riesacker ont passé pour être d'une qualité supérieure. Dominant les vallées de la Detenbach et de Jægerthal, le Riesacker est magnifiquement exposé au levant et au midi; différents chemins y conduisent. Les piétons suivent ordinairement la vallée de la Detenbach en quittant la route de Bitche un peu au delà de la maison commune; ils peuvent encore aller jusqu'à la forge, puis longer la lisière de la forêt; ce dernier chemin est un peu plus pénible que le précédent. Enfin l'on peut prendre la route de Jægerthal en passant par la Werbe jusqu'à l'entrée de la forêt; puis, gagner la petite route carrossable à gauche qui vous mène au Riesacker au bout d'une dizaine de minutes.

Avant d'entrer dans la ferme sur la gauche, on voit quelques débris de murs qui sont les restes d'une chapelle démolie il y a une quinzaine d'années. En 1771, on découvrit près du Riesacker un chapiteau de colonne et un autel quadrilatère représentant Mercure, Apollon, Minerve et Hercule. La description de cet autel se trouve dans l'*Alsatia illustrata* de Schœpflin.

Plus récemment, M. le docteur Schnœringer a trouvé au Riesacker les objets suivants : 1° une clef de robinet surmontée d'un coq (de là le nom allemand de *Hænel*); 2° une agrafe oblongue avec deux boutons; 3° le goulot d'un vase encore très-bien conservé, dont on voit les trous de la coupille qui tenait le couvercle; enfin 4° une clef qui paraît dater du troisième siècle.

Mais ce que le Riesacker présente de plus intéressant, ce sont sans contredit les restes d'un vaste bain romain; c'est vers la fin du dernier siècle seulement qu'on a découvert les débris de l'établissement thermal. En 1786, le propriétaire du Riesacker, voulant réparer un mur qui séparait son verger de la voie publique, trouva, presque à fleur de terre, les restes de ce bain. Les recherches mirent au jour, d'un côté, les fondations d'une tour ronde ayant 16 pieds de diamètre, et, d'un autre côté, un petit appartement muré revêtu de briques à l'intérieur, ayant 5 pieds de long sur 4 de large. Chaque angle du carré était occupé par un tuyau de 3 ou 4 pouces d'ouverture fait en briques en forme de cheminée. Le fond de la pièce consistait en une plaque très-unie que l'on crut être de fer, mais qui réellement était maçonnée : elle consistait en une couche de ciment étendue sur de grands carreaux reposant sur des piliers en brique. Un espace resté vide entre ces piliers formait l'hypocauste, dont la vapeur arrivait à la salle supérieure ou *caldarium* par les quatre tuyaux dont nous venons de parler, tandis qu'un tuyau en plomb, pesant 23 livres, placé horizontalement, déversait à l'extérieur l'eau qui se formait à la surface des parois de la salle par suite de la condensation[1].

« La découverte dont parle Oberlin était oubliée « depuis longtemps, dit M. Beaulieu, lorsque, en 1847,

1. Voir *Almanach d'Alsace de 1787*, par Oberlin, et *Antiquité de Bains, Vichy et Niederbronn*, par M. Beaulieu.

« un nouveau propriétaire du Riesacker, opérant un « défrichement à 60 mètres environ du lieu où les « premières fouilles avaient été faites, rencontra à « fleur de terre des fragments de murs et un grand « nombre de tuiles. Il y fit faire des fouilles sur une « vaste échelle, croyant bien trouver quelque objet « de prix, espoir qui ne devait pas se réaliser. » On mit à découvert un bâtiment formant une espèce de parallélogramme divisé en deux par un couloir A qui conduisait en ligne droite à la fournaise B; celle-ci chauffait la chaudière C qui se trouvait dans la salle X (*laconicum*) communiquant avec le *frigidarium* π. Cette dernière pièce se terminait par une abside F devant laquelle se trouvait un gradin servant de siége aux baigneurs.

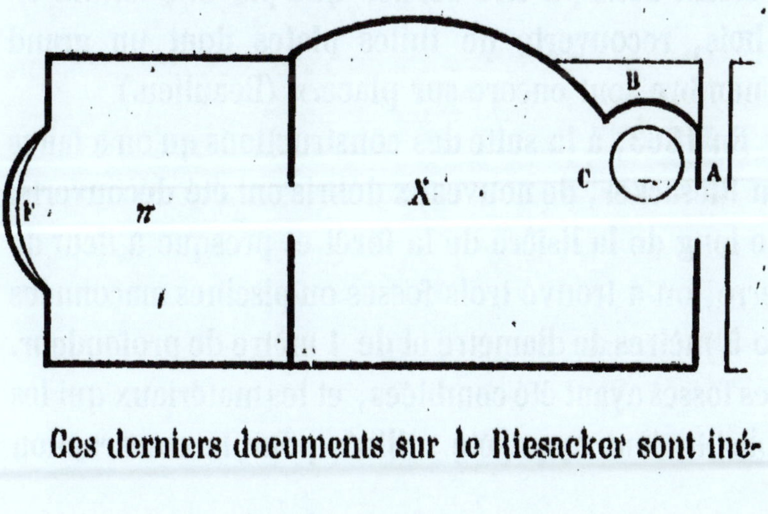

Ces derniers documents sur le Riesacker sont inédits; ils ont été fournis par M. le docteur Schnœringer, de Brumath, à M. Engelhardt, qui a eu l'obligeance de nous les communiquer.

« Le *laconicum* du Riesacker, à en juger par ce « qui a été découvert, occupait un espace d'environ « 60 mètres en longueur sur 10 mètres de large. Il est « construit avec une extrême simplicité. Point de pla « cage en marbre, point de peintures à fresque ni de « sculptures, en un mot, aucune trace de ce luxe que « les Romains avaient coutume de prodiguer dans les « édifices de cette espèce; mais des murs en moellons « à peine équarris, joints par un ciment ou mortier de « mauvaise qualité, et qui sont beaucoup trop minces « et trop mal construits pour avoir supporté des « voûtes; ces thermes, même leur *laconicum*, n'a- « vaient donc pu être abrités que par une toiture en « bois, recouverte de tuiles plates dont un grand « nombre sont encore sur place. » (Beaulieu.)

En 1863, à la suite des constructions qu'on a faites au Riesacker, de nouveaux débris ont été découverts. Le long de la lisière de la forêt et presque à fleur de terre, on a trouvé trois fosses ou piscines maçonnées de 5 mètres de diamètre et de 1 mètre de profondeur. Ces fosses ayant été comblées, et les matériaux qui les constituaient ayant été utilisés pour la construction des nouveaux bâtiments, on n'en voit plus la moindre trace à l'heure qu'il est. Les deux fosses inférieures étaient unies entre elles à l'aide d'un canal, d'un conduit à jour en pierre, de 2 mètres de long sur 30 centimètres de large, qui faisait communiquer ces bassins entre eux. A 60 mètres de la grange environ, et touchant le sentier qui longe la forêt, on voit un grand trou bordé d'un côté seulement par un mur en bon état de conservation; ce mur n'est découvert que sur un espace de 1 mètre à $1^m,50$ environ. A quelques mètres plus loin, on voit d'autres vestiges d'une seconde muraille ayant 80 centimètres d'épaisseur et paraissant n'être que la continuation du mur dont nous venons de parler. Perpendiculairement à ce dernier, deux autres murs ont été mis à jour, l'un sur une étendue de 50 mètres environ, l'autre sur une longueur de quelques mètres seulement. Le supérieur était interrompu à l'une de ses extrémités pour livrer passage à un escalier dirigé du côté de la forêt. Ces différentes constructions formaient par leur réunion un bâtiment dont il n'est possible de distinguer ni la forme, ni la destination. Il paraît que cette construction était revêtue intérieurement d'une espèce de béton, vu les fragments de substance bitumineuse qu'on a trouvés dans le voisinage.

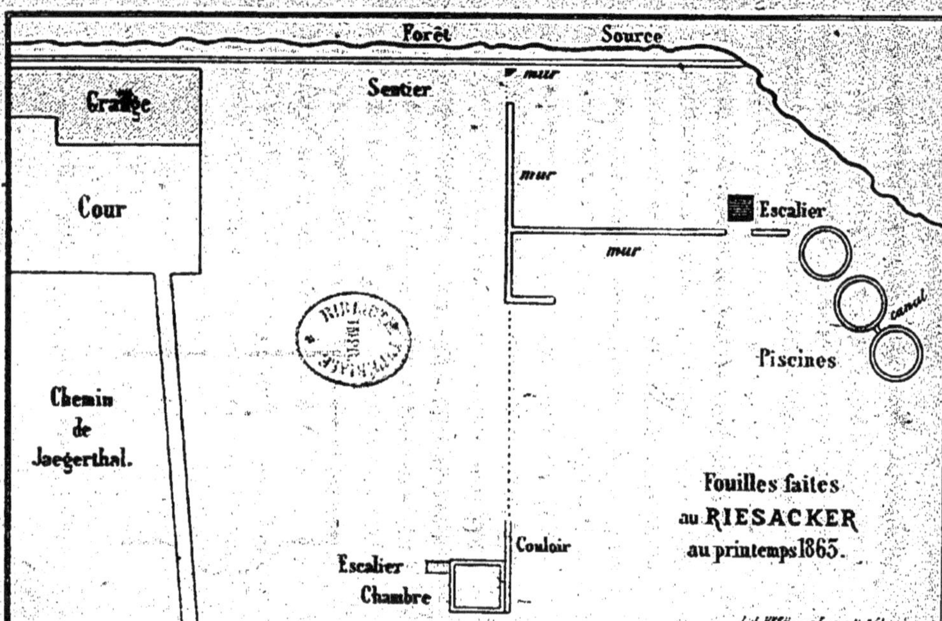
Forêt
Source
Sentier
mur
Grange
Cour
mur
Escalier
mur
canal
Piscines
Chemin
de
Jaegerthal.
Fouilles faites
au RIESACKER
au printemps 1865.
Couloir
Escalier
Chambre

A 50 mètres environ du lieu que nous délaissons et à 60 centimètres de profondeur, on a déterré des dalles formant plancher sur une longueur de 10 mètres. A droite de celles-ci, en s'éloignant de la montagne, une pièce carrée formée de pierres de taille en grès vosgien de 40 centimètres de large sur une hauteur de 2 mètres a été mise à jour; les côtés internes avaient 4 mètres d'étendue, et les pierres elles-mêmes, plus larges à leur base qu'à leur partie supérieure, reposaient sur un terrain argileux. Près de l'un des angles supérieurs, on a trouvé les vestiges d'un escalier; enfin, dans l'un des coins intérieurs, on a découvert deux monnaies romaines en bronze qui attestaient évidemment l'origine de ces constructions. Ce bassin, cette cave, ce réservoir, quel que soit le nom qu'on lui donne, n'existe plus; à sa place se trouve une parcelle de prairie.

Qu'on ajoute à cela des fragments de vases, du charbon, la base d'une statuette de l'art le plus pur (remontant probablement au premier siècle), des briques, des tuiles demi-cylindriques et à rebords, et l'on aura une idée de toutes les substructions que les fouilles de 1863 ont mises à jour.

Les substructions romaines à Niederbronn se trouvent à une profondeur de 2 mètres sous terre; celles du Riesacker sont situées moins profondément et ne sont recouvertes que d'une couche de terre de 40 à 50 centimètres de hauteur. Cette différence s'explique par la position de cette ferme sur un plateau élevé, adossé à un monticule d'une faible élévation. Niederbronn, au contraire, étant situé au fond d'une vallée, limitée de part et d'autre par des montagnes relativement plus hautes, son sol a dû s'exhausser beaucoup plus dans le même espace de temps.

L'existence d'un bain romain (étuve, piscine, etc.) en cet endroit paraît évidente d'après tout ce que nous venons de dire. Nous ne croyons pas qu'il y ait eu, dans le voisinage du Riesacker, une source thermale qui se serait perdue depuis; c'est probablement l'eau de source, qui abonde dans le voisinage, qu'on chauffait préalablement et qu'on utilisait pour les bains de piscines, d'étuves et autres.

L'usage des bains était très-répandu chez les Romains : comme ces derniers n'avaient pas de linge de corps, ils sentaient bien plus que nous la nécessité de se débarrasser, au moyen des bains, des impuretés qui souillent l'enveloppe cutanée. On peut affirmer que partout où les Romains avaient établi des stations, ils avaient aussi érigé des thermes; qu'y a-t-il donc d'étonnant qu'ils eussent un établissement de bains au Riesacker, dans un endroit si favorisé par la nature?

A la présente description nous ajoutons une petite figure schématique qui donnera une idée de l'ensemble de ces substructions.

Revenons à Jægerthal. Après avoir visité l'usine, nous allons dans la direction des châteaux de Windstein, et nous arrivons bientôt au martinet, autre dépendance de la forge de Jægerthal. Le martinet comprend deux feux alimentés par la houille; quatre roues hydrauliques sont destinées à faire mouvoir les marteaux et les soufflets de cet établissement. On y fabrique des petits fers, des fers en barres reforgés, des verges rondes, carrées et crénelées, ces dernières servant à la confection des clous.

Le moulin de Windstein n'est qu'à quelques pas du martinet; on peut y aller directement de Niederbronn en passant par l'Ochsenkopf. D'après M. Beaulieu, il y aurait eu un acervus de Mercure sur la crête de cette montagne. Voici comment s'exprime ce savant antiquaire: « Sur l'Ochsenkopf, dit M. Beau-« lieu[1], il y a un acervus d'environ 8 mètres de haut, « dans la base duquel on a creusé plusieurs cavités « demi-circulaires et peu profondes qui, recouvertes

1. *Le comté de Dagsbourg*. Paris, 1858. Page 33.

« de bruyères ou de peaux de bêtes, ont pu servir, à « la rigueur, à loger des hommes. On en compte plus « de trente, tant au pied de cet acervus qu'aux environs, et l'imagination se perd en conjectures sur « leur origine et leur destination. Ce qui est certain, « c'est que l'Ochsenkopf a été autrefois habité, car « j'ai vu sur sa pente occidentale des pierres taillées, « des auges de 2 mètres de long et des tombes prismatiques à augets. Une avenue formée de deux « lignes parallèles de pierres amoncelées conduit à « l'acervus. »

C'est au moulin de Windstein que l'on quitte la route pour aller aux deux châteaux du même nom. Les ruines de ces châteaux couronnent à peu de distance l'une de l'autre deux sommités d'une crête transversale : le plus éloigné est le plus ancien et s'appelle Altwindstein ou Hinterwindstein. Il est établi sur un roc de plus de 150 mètres de longueur ; deux masses isolées, l'une d'une vingtaine de mètres d'épaisseur, l'autre, bien plus grande, s'élèvent à une hauteur considérable au-dessus du reste de ce plateau. Ces rochers étaient surmontés et flanqués de tours et d'autres édifices dont il existe encore des restes imposants; et partout le roc lui-même est évidé ou taillé en galeries, en citernes, en cachots, en chambres et en escaliers. A l'autre extrémité du plateau, des chambres taillées dans le roc servent aujourd'hui de caves ou de celliers à un garde forestier. Près de là, on voit encore l'entrée d'une galerie souterraine qui conduisait au nouveau Windstein; une autre s'étendait, dit-on, jusqu'au château de Schœneck.

En 1216, Henri de Windstein signe comme témoin une charte de donations et de priviléges accordés à l'abbaye de Neubourg par l'empereur Fréderic II, auprès duquel ce seigneur paraît avoir joui d'une haute considération. Dès la seconde moitié du même siècle, d'autres familles partageaient la jouissance du château avec la famille de Windstein dont les membres étaient alors désunis. En 1269, Wernher de Windstein, Èmic, comte forestier, Louis et Simon de Frundsberg promirent à l'évêque et à la ville de Strasbourg l'ouverture de cette forteresse jusqu'à la fin de leur guerre avec Fréderic de Windstein. En 1325, Jean de Windstein la possédait en commun avec les époux de ses tantes, Renaud de Sickingen et Fréderic de Schmalenstein; ce dernier causa, neuf ans plus tard, la ruine de ce château en soutenant les ennemis de l'évêque de Strasbourg et de la ville de Haguenau; ce prélat et cette ville joignirent leurs troupes pour l'assiéger: 4 machines de guerre, 2 petites pièces d'artillerie et 80 pionniers furent employés à ce siége, et au bout de dix semaines le château fut pris et démoli.

Selon Specklin, c'est après cet événement que fut construit le nouveau château. Les traditions locales ajoutent qu'il fut élevé sur l'emplacement même où les assiégeants avaient établi leur camp retranché. Le nouveau Windstein consiste en une forte enceinte carrée, dans un angle de laquelle un corps de logis, de forme polygone, occupe la partie la plus élevée du rocher sur lequel il est assis : il ne présente qu'une seule salle basse creusée dans le roc. L'évêque de Spire devint, on ne sait par quelle raison, le seigneur suzerain de ce château.

Le vieux Windstein paraît avoir été rétabli bientôt après la démolition dont il vient d'être parlé. Henri Eckbrecht de Dürckheim en acquit, dès l'an 1347, une portion par son mariage avec Catherine de Windstein, et fut reçu au nombre de ceux qui avaient droit d'y demeurer. En 1366, l'empereur Charles IV donna ce château en fief aux mêmes comtes d'Œttingen qui avaient vendu, quelques années auparavant, le landgraviat d'Alsace inférieure, et ordonna à la ville de Strasbourg de les aider à prendre possession de ce domaine; mais il paraît que cette inféodation n'eut aucune suite durable, et que d'autres seigneurs prirent la place de ces comtes. Du moins, une paix castrale signée au vieux Windstein, en 1389, ne fait aucune mention des Œttingen, et indique comme parties intéressées Robert, comte palatin, Henri de Lichtenberg, Henri Eckbrecht de Dürckheim et Jean Ostertag de Windstein.

Au siècle suivant, d'autres familles encore eurent part à ces châteaux. Il paraît que c'est le nouveau qui, en 1435, fut pris par les comtes Emic et Bernard de Linange sur Jean d'Altorf et Seyfried de Kœnigsbach, surnommé Nagel. Cependant l'on voit les héritiers de ces comtes et de ces nobles figurer avec les familles déjà nommées dans une paix castrale signée au vieux Windstein en 1483. La part des Dürckheim avait été augmentée en 1471 par l'empereur Frédéric III. Selon Bernard Hertzog, l'un des châteaux fut pris et brûlé en 1515 par le duc Antoine de Lorraine. Les traditions de la famille de Dürckheim placent à peu près à la même époque une attaque dirigée contre le vieux Windstein par les troupes de la ville de Haguenau; elles ajoutent que Hartwig de Dürckheim, surnommé le Noir, que son esprit turbulent impliqua dans un grand nombre de guerres, s'y défendit avec une telle opiniâtreté que, la partie inférieure de ce château étant prise, il fit abattre les créneaux des donjons pour en accabler les assaillants.

En 1648, l'évêque de Spire donna le nouveau Windstein en fief aux Dürckheim. En 1664, ils obtinrent de l'électeur palatin l'inféodation de plusieurs portions du vieux château qui avaient appartenu à d'autres familles, alors éteintes : ils acquirent ainsi peu à peu la possession de la totalité de ces domaines. Cette possession cependant fut douloureusement troublée par la guerre des Pays-Bas. En 1676, Wolf Fréderic de Dürckheim, colonel au service de l'électeur palatin, se renferma dans ces châteaux et y fut assiégé par les troupes françaises. Il leur opposa une vive résistance; passant et repassant, au dire de la tradition locale, d'un château à l'autre par la galerie souterraine, il étonna les assiégeants en se montrant partout; il repoussa victorieusement une attaque dirigée contre le nouveau Windstein; on lança sur les assaillants de grosses boules de pierre qu'on avait préparées à cet effet dans la plupart de ces vieux manoirs, et qui étaient quelquefois accouplées deux à deux par des chaînes; mais, étroitement bloqué et manquant de vivres, il finit par se voir contraint d'abandonner ces forts; il se fit jour à travers les postes ennemis et se retira par les gorges des montagnes dans le Palatinat où il rejoignit l'électeur, son maître. Tous les châteaux qu'il possédait dans ces contrées furent alors brûlés et démolis, et toutes ses propriétés furent mises sous le séquestre. Les biens lui furent rendus à la paix de Nimègue; mais, depuis ce temps, les châteaux restèrent en ruines.

La famille de Dürckheim est originaire du Palatinat et paraît avoir possédé autrefois la seigneurie de la petite ville dont elle a ajouté le nom à ceux d'Alheim et d'Eckbrecht qu'elle portait primitivement. Elle eut des liaisons avec l'Alsace dès le douzième siècle, dans la seconde moitié duquel on voit un Egbert de Dürckheim jouir d'un fief castral attaché au palais impérial de Haguenau. En l'année 1247, un baron de Dürckheim monta sur le siége épiscopal de Worms; d'autres membres de cette famille furent revêtus de hautes charges civiles et militaires auprès de la maison palatine; ils se distinguèrent dans la guerre, ils brillèrent dans les tournois, et, en l'année 1669, ils furent immatriculés dans le corps de la noblesse de la Basse-Alsace. La famille de Dürckheim se divisa au dix-huitième siècle en deux branches : celle de Busenberg (Dürckheim-Montmartin) dont les descendants habitent le château de Frœschwiller, et celle de Frœschwiller, dont le dernier représentant,

M. Strauss de Dürckheim, naturaliste, vient de mourir à Paris[1].

Après avoir visité les deux châteaux de Windstein, nous revenons sur la route, et nous arrivons bientôt à la Schlickhütte (petit hameau dépendant de Windstein) où aboutissent le chemin qui mène au Buchwald (celui de gauche) et celui qui conduit aux châteaux de Schœneck, Wineck et Wittschlœssel. Pour se rendre à ce charmant petit bois connu sous le nom de Buchwald, on quitte ordinairement la route à la hauteur du moulin de Windstein, et l'on suit le sentier qui longe la rive droite du ruisseau. On peut aussi aller au Buchwald en passant tout près du Riesacker et en suivant la vallée de Wolfenthal.

En prenant le chemin qui de la Schlickhütte se dirige sur la droite, on aperçoit d'abord le château de Wineck situé sur la gauche, puis le château de Schœneck qui est un peu plus loin. Les vastes et pittoresques ruines de ce dernier occupent un grand rocher assis sur la croupe d'une montagne de médiocre élévation. On y distingue une tour ronde d'une dimension gigantesque et dont les murs ont, du côté de la plaine, plus de 3 mètres d'épaisseur.

Plusieurs documents des treizième et quatorzième

1. Voyez Schweighæuser.

siècles placent, parmi les magistrats de la ville de Strasbourg, des nobles portant le nom de ce château, et, en 1339, l'évêque Berthold crut devoir prévenir cette ville qu'il avait pris à son service Jean de Schœneck. Bernard Hertzog range dans cette famille un Cunon de Schœneck, nommé à l'évêché de Worms en 1308. Elle ne s'est éteinte que vers l'an 1468; mais il paraît qu'elle cessa beaucoup plus tôt de jouir de la possession entière de son château patrimonial. On dit que celui-ci fut détruit, en 1280, par l'empereur Rodolphe de Habsbourg pour avoir servi de repaire à des brigands. Du consentement du grand-chapitre de Strasbourg et de Jean de Lichtenberg, avocat provincial, il fut rétabli dans les premières années du siècle suivant par l'évêque Fréderic de Lichtenberg. Il est probable que depuis lors les évêques de Strasbourg en devinrent les seigneurs suzerains; du moins, c'est de cette Église que, dans la suite, les seigneurs de Lichtenberg le tenaient en fief. Selon Bernard Hertzog, Eberlin de Schœneck devint, en 1361, vassal de ces seigneurs, et après l'extinction des Schœneck, ils acquirent des Bornheim, leurs héritiers, les droits que ceux-ci avaient encore sur ce château. D'un autre côté, deux chartes, par lesquelles Jean, duc de Lorraine, inféoda, en 1365 et en 1369, plusieurs domaines à Burcard de Fénétrange, disent que ce Burcard était en même temps seigneur de Schœneck. Le château étant revenu depuis aux Lichtenberg, on peut croire qu'il ne jouissait de cette seigneurie que par un arrangement amical, auquel a pu donner lieu l'alliance qui existait alors entre les deux familles, Hildegarde de Fénétrange étant à cette époque l'épouse de Louis de Lichtenberg.

En 1517, Simon Wecker, comte de Deux-Ponts-Bitche, héritier des Lichtenberg, confia, du consentement de l'évêque de Strasbourg, le château de Schœneck et ses dépendances en fief perpétuel à Wolf Eckbrecht de Dürckheim et à ses descendants. Les seigneurs suzerains y ajoutèrent la condition que le château, qui était alors en fort mauvais état, devait être rétabli. Schœpflin croyait que cette condition n'avait jamais été complétement exécutée; mais, selon les traditions de la famille de Dürckheim, le château fut effectivement remis en bon état par Cunon Eckbrecht de Dürckheim, fils de Wolf, et l'on voyait, il n'y a pas longtemps encore, sur plusieurs portes des dates constatant cette réparation qui eut lieu de 1545 à 1547. Selon les mêmes traditions, Cunon embrassa, vers l'an 1552, le culte protestant et fut impliqué, quelques années plus tard, dans une guerre où tous ses châteaux furent attaqués à la fois (1517). Lui-même se renferma dans celui de Schœneck. Un soir, se promenant sur la plate-forme la plus élevée, il vit entrer dans le château deux chevaliers couverts d'armures antiques. Croyant que la porte leur avait été ouverte par trahison, il veut se précipiter au-devant d'eux; mais, au même instant, ils se trouvent devant lui, et l'un d'eux lui dit: «Mon fils, volez «au secours de Windstein, demain il ne sera plus «temps......»

Cunon reste interdit, et, tandis qu'il se demande ce que cela signifie, les deux chevaliers disparaissent. Revenu à lui-même, le comte reconnaît dans cette vision un avertissement surnaturel; il se met aussitôt à la tête de ses hommes d'armes, accourt devant Windstein et repousse, en effet, un assaut qu'on allait livrer.

Cunon fut attaqué, bientôt après cette rencontre, d'une maladie grave: il se retira d'abord au château de Drachenfels et se rendit ensuite à Bergzabern, où il mourut. Au siècle suivant, Schœneck partagea le sort des autres châteaux de la famille de Dürckheim[1].

Ce fief avait pour dépendances les deux châteaux de Wineck et de Wittschlœssel.

1. Voyez Schweighæuser.

La première de ces ruines présente encore des restes imposants, et plusieurs parties de cet édifice se distinguent par la belle taille des pierres et par une construction très-soignée. — Il n'existe plus que des restes peu apparents du château de Wittschlœssel (Windeck), situé un peu plus sur la droite. Nos annales parlent beaucoup d'une famille de ce nom dont le château patrimonial est situé dans le pays de Bade; celle qui possédait le manoir dont il s'agit, est peu connue : on sait seulement qu'elle s'allia avec les Dürckheim qui lui succédèrent dans cette propriété ou dans ce fief, et auxquels une autre partie du même héritage fut inféodée en 1460 par les seigneurs de Lichtenberg.

Tous ces châteaux furent démolis en 1677; séquestrés pendant la révolution, ils furent rendus à la famille de Dürckheim en 1805 et en 1814, ils furent tous aliénés depuis. Schœneck et Wineck appartiennent actuellement à la famille de Dietrich; Wittschlœssel fait partie des domaines de l'État. —

En continuant à remonter la vallée de la Schwartzbach, on arrive bientôt au village de Dambach. Sur la gauche, les ruines du château de Hohenfels occupent une montagne de peu d'élévation et reposent sur plusieurs rochers. Le principal de ces rochers présente, du côté nord, un aspect tout à fait singulier : la largeur de la partie supérieure dépasse si fort celle de la partie inférieure que la masse gigantesque de la première fait l'effet de se tenir en équilibre sur un étroit piédestal. Plusieurs chambres sont taillées dans le roc, et l'on y distingue surtout un cachot affreux dans lequel on descendait les prisonniers par une ouverture perpendiculaire dont le haut paraît avoir été fermé par un énorme couvercle de pierre.

Ce château était autrefois le chef-lieu d'une seigneurie qui, outre le nom de Hohenféls, portait aussi celui d'Ettendorf. Il fut détruit en 1423 par les habitants de Strasbourg et de Haguenau. La famille d'Ettendorf elle-même s'éteignit dans le courant du quinzième siècle.

En 1542, les Dürckheim reçurent en fief du comte Philippe de Hanau la moitié de Hohenfels et des forêts qui en dépendaient. Dès l'an 1406, ils avaient obtenu des Ettendorf, en amélioration de leurs fiefs, le bourg de Frœschwiller pour lequel ils relevèrent dans la suite des évêques de Strasbourg. D'après la lettre d'investiture de l'an 1542, Hohenfels était alors en ruines et inhabité; réparé dans la suite par les Dürckheim, il fut, ainsi que les autres châteaux de ces contrées, défendu contre les troupes françaises en 1676, et démoli en 1677.

Au delà de Dambach se trouvent les hameaux de Neunhoffen et de Stürtzelbronn; dans le premier se trouve une maison de sœurs de Niederbronn, dans le second existait autrefois une célèbre abbaye fondée au treizième siècle. Enfin, n'oublions pas de mentionner la belle scierie appartenant à la famille de Dietrich située en deçà de Stürtzelbronn, non loin de Grafenweyer.

IV.

DIRECTION DE FRŒSCHWILLER.

Altkirch, Wœrth, Soultzbach, Fleckenstein, Freundsbourg, Wasenstein, Petit Arnsberg, Lützelhardt.

En prenant la route départementale qui va de Reichshoffen à Frœschwiller, un peu au delà de la première de ces localités et sur la gauche, on aperçoit le chantier de M. Singer, dont la haute cheminée et les échafaudages pour l'injection des bois sont visibles à distance. Nous visitons cet établissement : nous y remarquons une machine à vapeur de la force de 14 chevaux qui fait aller plusieurs scies circulaires et verticales; une autre machine de plus petite dimension fait monter jusqu'aux cuves la solution de sulfate de cuivre destinée à préserver les bois de la putréfaction. Nous engageons vivement les promeneurs à voir la manière dont s'exécute l'injection, et les procédés que l'on emploie pour imprégner uniformément les bois d'une solution antiputride.

Au centre de ce chantier se trouve une petite chapelle antique, abandonnée, connue sous le nom d'Altkirch; c'est une propriété de la commune de Reichshoffen. Ce petit bâtiment couronnant une terrasse dont le sol est soutenu par des murs fort épais, date du commencement du quatorzième siècle, comme le prouve la forme ogivale très-lancéolée des ouvertures du rez-de-chaussée. De la chapelle il ne reste plus que la tour; la nef, qui était plus large que cette dernière, a entièrement disparu. La croisée du rez-de-chaussée qui fait face à la porte est la mieux conservée; elle est divisée en deux par un meneau surmonté d'un œil-de-bœuf, le tout inscrit dans une fenêtre ogivale. Une voûte qui, comme les croisées et la porte, est de style gothique, et dont les arêtes partant des angles de l'édifice vont se réunir au centre, sépare l'enceinte inférieure de la supérieure. Nous ferons observer qu'il y a absence de communication directe entre le rez-de-chaussée et le premier étage, et que ce dernier n'était accessible que par la nef. La pièce du premier reçoit le jour par une porte carrée et par trois ouvertures ressemblant à des meurtrières. En creusant dans le voisinage de cette chapelle, on a trouvé un grand nombre d'ossements humains, ce qui ferait supposer qu'il y avait un cimetière en cet endroit

Cette chapelle a été construite sur l'emplacement et avec les débris d'un temple romain, ainsi qu'il ressort des nombreuses antiquités que le sol y a restituées à différentes époques. On peut encore voir encastrée dans une des parois du mur intérieur la partie supérieure d'un Mercure; il y a quelques années, on y remarquait aussi un petit bas-relief représentant une hydre à sept têtes. Le musée des antiques de Strasbourg renferme différentes sculptures et inscriptions trouvées dans les environs de cette chapelle. C'est d'abord un bas-relief représentant Mercure qui tient la bourse et le caducée; une chèvre et un coq sont à ses pieds. — Une seconde pièce trouvée en 1826, et donnée à la bibliothèque de Strasbourg par le vicomte Renouard de Bussierre, porte l'inscription suivante :

S . FORTVNATVS
SVIS E I . P . L
E
M

Sextus Fortunatus suis ex impensis posuit libens et merito.

Un troisième bas-relief, découvert par Schœpflin, en 1742, représente Mercure privé de pétases et de talaires et vêtu d'une lacerna qu'il relève du bras gauche par devant, et dans le pli de laquelle est un sac; il tient une bourse de la main droite, une chèvre repose à ses pieds. Aux angles supérieurs du bas-relief sont deux bustes de personnages imberbes, et aux angles inférieurs deux têtes d'enfants. On y lit l'inscription suivante :

D . MER . S . VIC
TORINA NATALIS
EX V . P . L . L . M .

Deo Mercurio sacrum Victorina natalis ex voto posuit lubens libero munere.

En continuant notre route, nous arrivons bientôt à la forêt qui sépare le canton de Niederbronn de celui de Wœrth.

On a découvert dans cette forêt un bas-rēlief antique représentant un prêtre vêtu d'une ample robe qui ne laisse à découvert que les deux mains; l'une des mains porte un lituus (bâton augural), l'autre un couteau de sacrifice.

Au sortir de ce petit bois, un horizon magnifique

se présente aux yeux du promeneur : c'est toute une grande vallée, limitée d'un côté par les Vosges, de l'autre par la Forêt-Noire, qui vous frappe par son aspect grandiose et varié. A gauche, nous admirons le vallon de Lembach que nous dominons sur une grande étendue; plus près de nous et dans la même direction, nous remarquons le village de Nechwiller qui mérite d'être mentionné à cause des antiquités qu'on y a trouvées.

A la place qu'occupe aujourd'hui la maison Mori se trouvait un petit temple près duquel plusieurs pierres votives et un sarcophage ont été déterrés. Dans le voisinage de la ferme dite Tæuferhof (actuellement maison d'école), on a trouvé: 1° un bas-relief mutilé représentant une Fortune ou une Abondance; 2° la partie inférieure d'un autre bas-relief où l'on voit deux figures, l'une masculine, l'autre féminine; d'après une inscription placée au bas, ce temple était consacré au soleil et à la lune par un vœu de Lédullius, fils de Visurion.

Bientôt on arrive au village de Frœschwiller, situé à moins d'un kilomètre de la forêt et où l'on remarque un château habité par M. le comte de Dürckheim-Montmartin. C'est entre Frœschwiller et Wœrth qu'a été livrée, en 1793, une bataille qui décida du sort de la France. Voici comment s'exprime M. Thiers à ce sujet :

« Sur le Rhin, dit l'auteur, la campagne s'était beau-« coup prolongée par la perte des lignes de Wissem-« bourg forcées le 13 octobre 1793. Le comité de « Salut public voulait les recouvrer à tout prix, et « débloquer Landau comme il avait débloqué Dun-« kerque et Maubeuge.... Il nomma le jeune Hoche, « qui s'était si fort distingué au siége de Dunkerque, « général de l'armée de la Moselle.... La véritable « manœuvre à exécuter sur cette partie des frontières « consistait toujours à réunir les deux armées du Rhin « et de la Moselle et à opérer en masse sur un seul « versant des Vosges.

« Pour cela, il fallait recouvrer les passages qui « couvraient la ligne des montagnes et que nous « avions perdus depuis que Brunswick s'était porté « au centre des Vosges et Wurmser sous les murs « de Strasbourg. Le projet du comité était formé : il « voulait s'emparer de la chaîne même, pour sé-« parer les Prussiens des Autrichiens. Le jeune Hoche, « plein de talent et d'ardeur, était chargé d'exécuter « ce plan, et ses premiers mouvements à la tête de « l'armée de la Moselle firent espérer les plus éner-« giques déterminations.... Les Prussiens, pour assurer

« leur position, avaient voulu enlever par une sur-
« prise le château de Bitche, placé au milieu même
« des Vosges. Cette tentative fut déjouée par la vigi-
« lance de la garnison, qui accourut à temps sur les
« remparts; et Brunswick se retira d'abord à Bisin-
« gen, sur la ligne de l'Erbach, puis à Kaiserslautern,
« au centre des Vosges... Hoche, sans être ébranlé un
« moment par sa défaite à Kaiserslautern, forma
« aussitôt la résolution de se joindre à l'armée du
« Rhin, pour accabler Wurmser.... Il dirigea le gé-
« néral Taponnier avec 12,000 hommes sur Wœrth
« pour percer la ligne des Vosges et se jeter sur le
« flanc de Wurmser, tandis que l'armée du Rhin fe-
« rait sur son front une attaque générale.... Le corps
« envoyé dans les Vosges par Hoche eut beaucoup de
« difficultés à vaincre pour y pénétrer ; mais il y
« réussit enfin, et inquiéta sérieusement la droite de
« Wurmser. Le 22 décembre 1793 (2 nivôse), Hoche
« marcha lui-même à travers les montagnes, et parut
« à Wœrth sur le sommet du versant oriental. Il acca-
« bla la droite de Wurmser, lui prit beaucoup de ca-
« nons, et fit un grand nombre de prisonniers. Les Au-
« trichiens furent alors obligés de quitter la ligne de
« la Moder et de se porter d'abord à Soultz, puis le
« 24 à Wissembourg, sur la ligne même de la Lauter.

« Leur retraite s'opérait avec désordre et confusion. « Les émigrés, les nobles alsaciens, accourus à la « suite de Wurmser, fuyaient avec la plus grande « précipitation[1]. »

Au bas de la hauteur sur laquelle se trouve bâti Frœschwiller, vers l'est, le joli petit bourg de Wœrth, situé dans une île formée par la Sauerbach et la Soultzbach, frappe l'étranger par son site pittoresque. Autrefois fortifié, Wœrth était au moyen âge une des villes les plus importantes du district vosgien connu sous le nom de Wasgau; on y voit encore l'ancien château du bailli. Les documents historiques sur Wœrth ne remontent pas au delà du treizième siècle. Les Lichtenberg firent l'acquisition de ce bourg en 1303, et sur leur demande il reçut le titre de ville, en 1330, de l'empereur Louis de Bavière. Quoique aucun titre ne fasse mention de Wœrth avant le quatorzième siècle, on ne saurait cependant mettre en doute l'existence de cette bourgade à une époque plus reculée. C'est du moins ce qui paraît résulter de la découverte d'un cippe ou autel quadrilatère faite à Wœrth en 1577 ; sur les quatre faces de cet autel, on voit représentés Mercure, Hercule, Minerve et Junon. Ce cippe peut encore se voir, à l'heure qu'il

1. *Histoire de la révolution.* Tome V.

est, sur la petite place qui est devant la maison commune; il repose sur une colonne qui lui sert de base. Bernard Hertzog, né à Wissembourg, a été bailli des terres de la maison de Hanau-Lichtenberg, dont Wœrth faisait partie. Vassal de Philippe V et de Jean Reinhardt de Hanau, Hertzog habitait le château de Wœrth; il publia à Strasbourg, en 1592, quatre années avant sa mort, une œuvre historique très-souvent mentionnée, la *Chronique d'Alsace*.

Au nord-est de Wœrth et sur le flanc d'un monticule, on aperçoit le village de Gœrsdorf, qui fut acquis en 1314 par les seigneurs de Lichtenberg, et reçut, en 1348, de l'empereur Charles IV les priviléges des villes impériales de second ordre. Pendant plusieurs siècles cette commune était entourée de portes et de murs. Sur la pente de cette montagne, connue sous le nom de Liebfrauenberg se trouvait un pèlerinage consacré à Notre-Dame du Chêne. Les documents authentiques sur le Liebfrauenberg nous apprennent qu'en 1518 René, comte de Deux-Ponts-Bitche, fit bâtir l'église dont on voit encore le clocher. La base de ce dernier porte le millésime de 1383. En 1580, Philippe de Hanau fit démolir l'église construite par le comte René, à l'exception de la tour. En 1717, une nouvelle chapelle fut érigée au

Liebfrauenberg, et un monastère de l'ordre des Franciscains fut élevé à côté de l'église. Lors de la grande révolution les Franciscains furent chassés de ce couvent, qui devint alors une propriété particulière. Le Liebfrauenberg appartient actuellement à M. Boussingault, membre de l'Institut.

Au sud de Wœrth, se trouve le petit village de Spachbach, qui était aussi un vicus romain. En 1827, en démolissant l'ancienne église, on a trouvé un nombre considérable d'inscriptions et de bas-reliefs ainsi qu'un zodiaque; la plupart de ces débris d'un autre âge furent brisés et employés à la construction du nouveau temple.

En remontant la vallée de la Sauerbach vers le nord, nous allons dans la direction de Lembach, et nous laissons à notre gauche les deux villages de Langensoultzbach et de Mattstall. La première de ces localités est intéressante par le grand nombre d'antiquités romaines qu'on y a trouvées. C'est sur l'emplacement qu'occupe l'église actuelle construite dans le style byzantin il y a une douzaine d'années, qu'on a déterré quatre bas-reliefs de Mercure ainsi qu'un cippe quadrilatère. Ces objets sont encastrés dans la muraille qui entoure l'église. Le plus intéressant de ces bas-reliefs représente, à côté du dieu Mercure, une femme portant, comme lui, une bourse et un caducée. Schœpflin pense qu'un temple de Mercure et, peut-être dans les siècles plus reculés, un bois sacré où le même dieu était révéré par les Gaulois, occupait la place de l'église de Soultzbach.

De Soultzbach nous allons au château de Fleckenstein, et nous passons par les villages de Mattstall et de Lembach. Nous ferons observer, en passant, que c'est par la vallée de Lembach que les Prussiens sont entrés en France en 1793. Au lieu de passer par Mattstall et Soultzbach, on peut prendre le chemin qui va de Wœrth à Lembach en longeant la Sauerbach; ce chemin est beaucoup plus direct que le précédent.

Le Fleckenstein (roche maculée), situé à une lieue de Lembach, sur la rive gauche de la Sauer, était autrefois l'un des plus importants châteaux de toute la chaîne des Vosges et la résidence des barons de ce nom. A l'exception du château de Lichtenberg et de celui de Bitche, aucune de ces demeures chevaleresques répandues sur nos montagnes n'occupe un rocher aussi gigantesque; nulle part une telle position, fournie par la nature, n'a été fortifiée par des constructions artificielles aussi hardies et aussi multipliées; isolé au milieu de la montagne, le château de Fleckenstein passait pour imprenable. C'est de lui que Schœpflin a dit: *Fleckenstein castrum insidet rupi excelsæ quæ columnæ instar in altum assurgit, mirabile visu, olim inexpugnabile hosti. Ars juvit naturam. Rupes in formam turris excisa et excavata, impositis coronata ædificiis est.* Nous appelons surtout l'attention sur une inscription allemande en lettres gothiques gravée au-dessus du grand portail, elle est ainsi conçue: *Dies ist gemacht worden im Jor da man zalt von Gottes Geburt MCCCC, un Jar XXIII.*

Parmi nos anciennes familles aujourd'hui éteintes, celle de Fleckenstein était l'une des plus riches; c'est aussi celle dont l'existence s'est prolongée à travers le plus grand nombre de siècles. Cette illustre famille s'éteignit en 1720 dans la personne de Henri-Jacques de Fleckenstein de la branche de Soultz-sous-Forêts. Les barons de Fleckenstein étaient vassaux de l'abbaye de Wissembourg: la baronnie comprenait les bailliages de Soultz-sous-Forêts et de Roppenheim.

Dès l'an 1179, Godefroy de Fleckenstein signa comme témoin l'acte d'une donation faite par l'empereur Frédéric Ier à l'abbaye de Stürtzelbronn. Au milieu du treizième siècle le chevalier Henri de Fleckenstein fut nommé prévôt impérial (*Schultheiss*) de Haguenau, et ses descendants occupèrent fréquemment cette charge. Il eut cinq fils dont les plus jeunes, Pierre et Henri, entrèrent dans les ordres; les trois autres formèrent trois branches. Celle fondée par le plus jeune s'éteignit dès le milieu du quinzième siècle, et la seigneurie de Soultz-sous-Forêts qu'elle avait reçue en partage, passa à la ligne aînée. Les descendants du second fils eurent pour leur part le bourg de Beinheim avec ses dépendances, et, vers la fin du quatorzième siècle, ils acquirent par un mariage la seigneurie de Dagstul, fief de l'électeur de Trèves, situé entre la Moselle et la Sarre. Cette branche fournit, au commencement du quinzième siècle, un évêque au siége de Bâle, et reçut, au siècle suivant, de l'empereur Frédéric III le titre de baron qui, à son extinction arrivée en 1644, passa à la branche aînée. Celle-ci acquit au quatorzième siècle par des alliances la seigneurie de Bickenbach et une partie de l'héritage des Hunebourg. C'est à cette branche qu'appartient Jean de Fleckenstein, élu en 1410 évêque de Worms: ses frères fondèrent les deux lignes de Soultz-sous-Forêts et de Niederrœdern. La cadette s'éteignit en 1637; l'aînée produisit Jacques de Fleckenstein, sous-avocat d'Alsace en 1500 et dont le fils fut grand bailli de Germersheim. Les descendants de Jacques de Fleckenstein se distinguèrent au service militaire de Bade-Durlach, de la Bavière et de la France. Enfin Henri-Jacques, né en 1636, vit son fils unique, Frédéric-Jacques, mourir en 1710 et décéda en 1720, le dernier de son nom. Dès l'an 1706 Louis XIV promit au prince Rohan de Soubise, frère de l'évêque de Strasbourg, Armand-Gaston de Rohan, la succession aux fiefs de cette famille, et en 1712, Henri-Jacques consentit à une investiture simultanée. Une partie de ces fiefs étaient féminins, et le vieux baron avait trois filles et une petite-fille : il se repentit vers la fin de ses jours de s'être prêté lui-même à leur spoliation : mais, il était trop tard, ses réclamations ne furent pas écoutées, et ses filles perdirent le procès qu'à sa mort elles intentèrent aux princes de Rohan ; elles n'obtinrent de cette riche succession qu'un petit nombre d'allodiaux et quelques fiefs peu considérables.

Ce château paraît avoir été d'abord une propriété allodiale ; il devint dans la suite un fief impérial, et, quoique l'on ne connaisse point d'investiture antérieure à l'an 1422, il est probable que cette inféodation remonte jusqu'au temps de Rodolphe de Habsbourg. On lit dans les annales de Colmar, sous la rubrique de 1276, que le baron de Fleckenstein, ayant vainement invité l'évêque de Spire, Frédéric de Rolanden, son débiteur, à se libérer envers lui, s'empara de la personne du prélat. Outré de ce procédé, l'empereur Rodolphe de Habsbourg, dont l'avénement avait mis fin à la longue anarchie de l'interrègne, assiégea le château, en soumit la garnison par la famine, et força le délinquant de se livrer, lui et les siens, en son pouvoir. En 1314, de grands brigandages ayant été exercés par ceux qui tenaient, au nom de Fleckenstein, les châteaux de Soultz et de Beinheim, les villes de Haguenau et de Strasbourg brûlèrent ses forts. Cette famille paraît avoir eu jusqu'en 1395 de graves démêlés avec ces villes, mais son château patrimonial jouit pendant quatre siècles d'une profonde tranquillité. Lorsque la branche qui en avait la jouissance, se divisa en deux lignes, elles se partagèrent amicalement le manoir paternel; le côté antérieur échut à celle de Soultz, et l'autre à celle de Rœdern; une paix castrale, conclue en 1408, cimenta leur union. Mais le 19 février 1674 le château, que la hardiesse et le nombre des ouvrages défensifs semblaient rendre inexpugnable, se rendit sans résistance au général français marquis de Vaubrun. Le régisseur de la seigneurie, qui n'avait pour le défendre que 14 paysans, capitula. Six ans plus tard, le baron de Montclar, commandant d'Alsace et qui exerçait aussi, en l'absence du duc Mazarin, les fonctions de grand-bailli de Haguenau, détruisit, autant qu'il put, ce monument grandiose de la féodalité. Après 1789, ce qui restait du château et du domaine de Fleckenstein, fut vendu comme propriété nationale. Acheté pendant la Révolution par un particulier de Wissembourg, il fut vendu sous le régime impérial au général Harty, baron de Pierrebourg.

En allant de Lembach au château de Fleckenstein, on aperçoit à gauche la vallée de Steinbach (Marckbach) si riche en vieilles ruines du moyen âge. Nous remarquons d'abord le château de Freundsbourg ou Frœnsbourg situé sur la droite à 4 kilomètres d'Obersteinbach. Les murailles délabrées de ce fort couvrent deux rochers très-élevés; mais l'un est si étroit qu'il ne forme qu'une sorte de piédestal gigantesque supportant les débris d'une tour hexagone: parmi les restes des constructions qui couronnent le grand rocher, on remarque un beau puits qui y est taillé et renfermé dans une tour. En 1269, deux nobles de Frunsberg avaient part aux châteaux de Windstein; c'est la plus ancienne mention de cette famille que l'on connaisse. En 1349, son château patrimonial dont alors les comtes de Deux-Ponts-Bitche étaient les seigneurs suzerains, appartenait à Eberlin et Louis de Frunsberg, à Siegfried de Lœwenstein, gendre d'Eberlin et à Renaud Hofwarth de Sickingen, beau-père de Louis-Renaud, tristement célèbre par ses exploits de grand chemin, ayant dépouillé des négociants de la petite ville impériale de Weil, en Souabe, et les ayant emmenés prisonniers à Frunsberg. Jean de Lichtenberg, vicaire impérial en Alsace, et depuis évêque de Strasbourg, exhorta les juges de la paix publique à punir ce désordre. De concert avec eux, il rassembla des troupes et se rendit lui-même avec la bannière impériale devant ce château, qui fut pris et incendié. Renaud ne s'en tint point à ce premier attentat, il arrêta sur la grande route, blessa et dépouilla plusieurs citoyens de Strasbourg. Il prétendit ensuite devoir être dédommagé de la perte qu'il avait éprouvée à Frunsberg. Sa demande fut rejetée, et il fut condamné à réparer le mal qu'il avait fait. Les autres propriétaires du château furent dédommagés, ou selon l'expression des chartes, ils vendirent leurs parts à la paix publique. Malgré la défense faite par Charles IV, en 1354, aux gardiens de la paix publique de le rétablir, les Fleckenstein qui en furent investis par l'électeur palatin au commencement du seizième siècle, le reconstruisirent et le possédèrent jusqu'à leur extinction, en 1720. Ce château passa ensuite aux Hetzel. Ce qui fait supposer qu'il fut rétabli au quinzième siècle, c'est une date qu'on lit au-dessus d'une porte.

A une lieue plus loin, à la hauteur d'Obersteinbach on aperçoit les ruines du *petit Arnsberg* et celles de *Wasenstein* ou *Wasgenstein*. Ces dernières occupent les sommités de deux rochers séparés par un précipice, et dont l'un est plus élevé que l'autre; aussi les chartes distinguent-elles le château supérieur et le château inférieur. Leurs restes, et surtout ceux du château inférieur, sont remarquables par une architecture très-soignée et par le grand nombre de chambres taillées dans le roc. On monte à la tour la plus avancée vers la vallée par un bel escalier: les fenêtres de cette tour présentent des découpures gothiques très-variées, et dans l'intérieur il y a des chambres d'une grande élégance. Ailleurs des salles, moitié construites en pierres de taille, moitié taillées dans le roc, attestent également l'habileté des ouvriers. Au bas des deux rochers, un double mur forme du côté du sud deux enceintes ou cours antérieures solidement fortifiées. A l'est du château supérieur une vaste excavation, accompagnée d'une citerne, paraît avoir servi d'abreuvoir : à sa proximité des auges sont encore remplies aujourd'hui par des filtrations d'eau sous lesquelles on a eu soin de les placer. Ces demeures chevaleresques étaient divisées d'abord entre les membres de la famille qui en portait le nom; mais dès le milieu du quatorzième siècle des mariages et d'autres arrangements en multiplièrent les propriétaires. On distingue, parmi les familles qui y eurent part, les Ochsenstein, les Hohenstein, les Windstein, les Hunebourg et les Fleckenstein; ces deux dernières étaient alliées tant entre elles qu'avec les Wasenstein; ceux-ci paraissent s'être éteints en 1458. Neuf ans plus tard les droits de Hunebourg furent transférés aux Fleckenstein, et, à la fin du même siècle, ces seigneurs jouirent de l'ensemble des deux châteaux. En 1505, Jean de Fleckenstein, pour les faire rester à perpétuité dans sa famille, ordonna que jamais les femmes ne pourraient en hériter. Au commencement du dix-huitième siècle, l'extinction de la ligne masculine de cette famille étant présumable, elle vendit ce domaine aux comtes de Hanau.

Le château du Wasenstein est mentionné dans les *Niebelungen*; le vaillant Walther, s'enfuyant avec la princesse Hildegonde, gagne la rive gauche du Rhin, et s'établit dans cette solitude.

Da fand er eine Wildniss, dit la légende, *der Wasgau genannt,*
Der fehlt es nicht an Thieren, es ist ein tiefer Wald,
Von Hunden und von Hörnern wird sie schaurig durchhallt.
Da ragen in der Œde zwei Berge einander nah,
Und eine enge Hohle liegt zwischen ihnen da.
Von zweier Felsen Gipfeln ist überwolbt die Schlucht,
Anmuthig, gross bewachsen, doch oft von Räubern besucht.

. . . .

Wer war's der auf dem Schilde vor dem Wagenstein sass, etc.

Arnsberg (que, pour le distinguer du château du même nom situé dans la vallée de Zinswiller, on appelle le petit Arnsberg) est près du village d'Obersteinbach, à une demi-lieue à l'est du château de Lützelhardt; ses ruines occupent l'extrémité d'un grand rocher dont la pointe avancée s'élève par une ligne ondulée à la hauteur de 130 pieds: il s'abaisse du côté de la montagne, à laquelle il se rattache, jusque vers un large fossé qu'on y a coupé pour isoler l'enceinte du château. Un escalier taillé dans le roc qu'il côtoie en dehors, conduit vers la partie supérieure du château: l'on voit encore deux tours très-élevées dominées par une roche en forme de champignon, qui domine elle-même le grand rocher. Le rocher situé au delà du fossé était également mis à profit; on remarque encore une porte qui y était taillée, des restes d'escaliers et des excavations paraissant avoir servi d'écurie.

Arnsberg appartenait au quatorzième siècle à la famille qui portait le nom de Wasenstein, château voisin; mais Frédéric de Wasenstein ayant violé la paix publique, en dépouillant un négociant qui naviguait sur le Rhin, Arnsberg fut assiégé par les sept juges de cette paix, et Frédéric, ainsi que ses frères Cunon et Thierry, fut forcé, en 1335, à abandonner à ces juges ce château, soit pour le démolir, soit pour en disposer à leur gré. On ignore les suites immédiates de cette capitulation; mais on sait que plus tard cette demeure fortifiée appartenait aux comtes de Deux-Ponts-Bitche, qui paraissent l'avoir rétablie; car, on lit, à côté d'une porte taillée dans le roc, la date de 1494. Après l'extinction de ces comtes, Arnsberg éprouva les mêmes vicissitudes que Lutzelhardt.

A un kilomètre à l'ouest de ce château se trouve

celui de Lützelhardt. Des restes d'une tour très-élevée et d'autres constructions assez considérables couronnent un rocher escarpé, haut de près de cent pieds et de trois cents pieds de long. On monte à la tour par une porte et une galerie taillées dans la partie supérieure du rocher. Du côté de l'est un mur parallèle au roc est soutenu par des contre-forts très-saillants.

Lützelhardt, compris dans le territoire de la seigneurie de Bitche, appartenait anciennement à une famille puissante, qui paraît avoir pris naissance dans ces contrées, et dont peut-être ce château était le domicile primitif. Mais ayant obtenu au treizième siècle l'avocatie impériale de Wasselnheim, elle prit le nom de cette charge, et celui qu'elle portait auparavant fut oublié. En 1363, elle vendit Lützelhardt aux seigneurs de Fleckenstein; ceux-ci cédèrent dans la suite ce château aux comtes de Deux-Ponts, auxquels la seigneurie de Bitche avait été inféodée par les ducs de Lorraine; ces ducs ayant revendiqué, lors de l'extinction des comtes de Deux-Ponts-Bitche, la totalité de cette seigneurie, les comtes de Hanau, héritiers de ceux de Deux-Ponts, adressèrent des réclamations à la chambre impériale. Le procès qui en résulta, fut terminé en 1606 par une transaction en vertu de laquelle les ducs de Lorraine renoncèrent à plusieurs domaines considérés comme allodiaux. Les châteaux de Lützelhardt et d'Arnsberg furent de ce nombre, et les comtes de Hanau en reprirent possession. L'on voit par l'acte dressé à ce sujet que l'un et l'autre étaient alors en ruines[1].

Les quatre châteaux dont nous venons de retracer l'histoire, appartiennent à l'État.

1. Voyez Schweighæuser.

V.

DIRECTION D'OBERBRONN.

Zinswiller, Offwiller, Lichtenberg.

Oberbronn est un des buts de promenade favoris du baigneur, à raison de la situation pittoresque de ce village au pied des Vosges; une bonne route carrossable, celle de Fort-Louis à Ingwiller, vous y mène au bout d'une demi-heure. Les piétons, pour éviter la côte rapide à la sortie de Niederbronn, peuvent suivre le sentier qui monte derrière le cimetière; ce sentier, bien qu'il ne soit pas très-commode, est cependant moins fatigant que la grande route et va rejoindre cette dernière un peu au delà de la côte en question. On peut encore aller à Oberbronn en passant par la forge et en suivant à gauche le chemin qui longe la lisière de la forêt.

Oberbronn est situé sur le versant méridional des Vosges, à 3 kilomètres de Niederbronn, et à 274 mètres au-dessus du niveau de la mer. Adossée contre la forêt et entourée de vignobles et de châtaigniers, cette commune présente tous les caractères d'un bourg du moyen âge : ses rues pavées, ses vieilles maisons datant du quinzième siècle, son église gothique qui a été érigée en 1403, les restes d'un mur d'enceinte du côté de la plaine, tout atteste l'ancienne origine de cette localité.

La moitié de la seigneurie d'Oberbronn appartenait anciennement aux Ochsenstein, et l'autre moitié à la famille de Born; la première fut vendue au milieu, et la seconde à la fin du quatorzième siècle, aux Lichtenberg. Après l'extinction de ces dynastes, en 1480, Oberbronn passa à la maison de Deux-Ponts-Bitche. En 1541, lors du partage des biens de la succession du comte régnant de Deux-Ponts-Bitche, les allodiaux furent donnés aux filles de ce comte, tandis que les fiefs passèrent à la ligne masculine continuée par le cadet. Dix ans plus tard, la comtesse Amélie porta le domaine d'Oberbronn en mariage à Philippe, comte de Linange-Westerbourg; c'est alors que fut construit le château. Au dernier siècle, la maison de Linange vendit la moitié de cette seigneurie à M. le baron de Dietrich; l'autre moitié échut par différents mariages aux princes de Hohenlohe-Bartenstein et à la famille de Lœwenhaupt, originaire de Suède. Plus tard, M. de Stralenheim, issu également d'une famille illustre de ce royaume, épousa une comtesse de Lœwenhaupt, et divers achats le rendirent propriétaire de la totalité du château[1]. La seigneurie d'Oberbronn comprenait les localités de Zinswiller, Uhrwiller, Mertzwiller, Rothbach, Gumbrechtshoffen (pour moitié), Motersbronn, Nifferen, Sparsbach, Weinbourg (pour moitié), Wildenguth, Zittersheim, Breitenwasser et Eckartswiller.

Le château, construit en 1551 par la famille de Linange-Westerbourg, après avoir été habité par les différents seigneurs d'Oberbronn jusqu'à notre grande révolution, servit de résidence aux familles de Lœwenhaupt et de Stralenheim jusqu'en 1858, époque à laquelle le couvent de Niederbronn en fit l'acquisition et y établit son noviciat. Au printemps 1669, les troupes mercenaires du comte palatin Adolphe-Jean, frère du roi de Suède, Charles X, pillèrent le château d'Oberbronn, incendièrent les meubles, les archives de la maison de Linange, et ne quittèrent cette demeure seigneuriale qu'après l'avoir dévastée de fond en comble. En 1817, ce même château fut occupé par les alliés.

1. Voyez Schweighæuser.

Oberbronn a une source (Heilbrunnen) qui est considérée dans le pays comme ayant des propriétés médicamenteuses; cependant elle ne paraît pas différer d'une bonne eau ordinaire, et sert aux usages domestiques. La source en question a donné son nom au village d'Oberbronn (source d'en haut), par opposition à Niederbronn (source d'en bas). La famille de Born tient son nom de la seigneurie d'Oberbronn, le mot *Born* n'étant que la forme ancienne du mot allemand *Bronn*.

Nous ne citerons que pour mémoire le fait du séjour de Schneider à Oberbronn. Il paraît que le fameux accusateur public près du tribunal révolutionnaire de Strasbourg a été pendant quelque temps curé de cette commune.

Plusieurs légendes se rattachent à la localité d'Oberbronn; il nous suffira de rappeler celle de la lavandière nocturne et celle de la sorcière punie de sa gourmandise.

« A l'extrémité méridionale d'Oberbronn, dit M. Dupuy [1], au pied de la montagne, se trouve un lavoir « spacieux, alimenté par une source abondante qui « jaillit du rocher, et recouvert d'une toiture de forme « pittoresque. Comme cette eau est excellente et le

1. *Souvenirs de Niederbronn.*

« lieu commode, tous les habitants de l'endroit, même « ceux des habitations les plus éloignées, viennent y « laver leur linge. Alors c'est tout le long du jour un « babil intarissable, qui se mêle au bruit de l'eau « agitée et aux coups redoublés du battoir qui frappe « le linge en cadence. Souvent le nombre des laveuses « est si considérable, que tout le monde ne peut trou- « ver place au bassin et que les dernières venues sont « obligées d'attendre leur tour. Celles-ci, leur tour « venu, travaillent souvent au clair de lune ou à la « douteuse clarté d'une lanterne, jusque fort avant « dans la nuit. Alors, il arrive parfois qu'une femme « blanche, d'une étrange allure, apparaissant tout à « coup, s'avance lentement, froide, pâle, sans regar- « der personne, sans prononcer une parole. Elle va « se placer silencieusement à l'une des extrémités du « bassin, loin des laveuses glacées d'effroi, et se met « à laver son linge. Et les pauvres femmes de con- « templer avec terreur cette nocturne lavandière ; car « le linge qu'elle lave, c'est le suaire des morts, « et elles savent bien que cette apparition est un « avertissement redoutable : l'une d'elles ou un « membre de leur famille doit mourir dans peu de « jours. » —

« Il y avait autrefois à Oberbronn une femme qui

« était sorcière. Elle était de plus fort gourmande et « affectionnait particulièrement les bons morceaux; « mais elle n'avait pas toujours de quoi s'en procurer. « Or, elle apprit un jour qu'on célébrait un baptême « dans la maison d'un riche voisin. « Bon, dit-elle, il « y aura là quelque chose pour moi. » Au même in« stant, se changeant en gros chat noir, elle se glisse « discrètement dans la cuisine appétissante, où elle « espère attraper quelque bon lopin. Cachée dans un « coin, elle observait attentivement la cuisinière, qui « arrangeait ses plats, guettant le moment où celle-ci « tournerait le dos. En effet, tandis qu'elle se retourne « pour prendre une poignée de sel, le chat allonge « sa griffe, s'empare du meilleur morceau et veut « fuir.... Mais la cuisinière l'aperçoit à temps, et d'un « coup de son couteau de cuisine, qu'elle tenait à la « main, elle lui abat le bout de la patte. Le lende« main, la sorcière, bien punie de sa gourmandise, « n'avait plus qu'une main. »

Sur l'emplacement qu'occupe Oberbronn se trouvait autrefois une station romaine dont on a perdu le nom : différents objets antiques, dont la plupart sont entre les mains de M. le docteur Schnœringer, en font foi. Récemment encore, en réparant le pavé de la cour du couvent, on a retrouvé un bas-relief de

60 centimètres en carré représentant la moitié supérieure de Mercure; le dieu tient un caducée de la main gauche. En fouillant le sol d'Oberbronn et des environs, on trouve souvent des bracelets, des colliers en bronze, des couteaux en silex, des haches en bronze et en pierre, des monnaies romaines, des tuyaux en terre cuite.

On peut voir au musée de Niederbronn un conduit en terre rouge de forme conique trouvé en 1850 en creusant les fondations de la salle d'asile près la mairie. C'est surtout dans le canton dit Frohret ou Frorott, à proximité d'Oberbronn, que l'on trouve un grand nombre de restes romains; on peut encore très-bien voir les débris d'un établissement de bains, deux salles et un canal très-peu distants les uns des autres. Dans l'une de ces salles on apercevra les vestiges d'un escalier et une pierre de forme cubique avec un trou carré au milieu de l'une de ses faces; dans cette même enceinte, M. le docteur Schnœringer a trouvé des dents de sangliers. Dans l'autre salle, le même antiquaire a découvert un vase en terre rouge, un fourreau d'épée en bronze, des boutons, une agrafe, un ciseau, un poinçon, une pince et une hachette.

Oberbronn est également intéressant sous le rapport géologique : dans le muschelkalk des environs, on rencontre souvent des dents de reptiles, des pemphyx, etc.

Nous ne quitterons pas cette localité sans mentionner la maison forestière, charmant site exposé au midi, à mi-hauteur de la montagne qui domine Oberbronn au sud. De ce point, on jouit d'une vue magnifique sur la plaine d'Alsace, le grand-duché de Bade et la Forêt-Noire.

En sortant d'Oberbronn et se dirigeant vers Zinswiller, on laisse à droite une montagne connue sous le nom de *Sonnenberg*. Sur la crête de cette hauteur, les Triboques et les Médiomatriciens célébraient leur culte en l'honneur du soleil qu'ils nommaient Bel ou Belen. A l'époque de la Saint-Jean, ces peuplades à demi sauvages y allumaient de grands feux autour desquels on dansait en rond. Les Triboques suivaient aussi une autre pratique, perpétuée jusqu'à nos jours, et qui consiste à précipiter, la nuit, du sommet de cette montagne et par son flanc oriental, une roue de chariot revêtue de paille enflammée. Nous rappellerons que c'est sur le sommet du Sonnenberg qu'on a trouvé une pierre carrée de 40 centimètres de côté, sur laquelle est gravée l'image du dieu Soleil.

C'est près de là que M. Brœsch, garde général des forêts, a découvert, en 1863, une meulière romaine, un mors et une molette d'éperon d'origine plus moderne; ces deux derniers objets datent du moyen âge et paraissent avoir appartenu à quelque chevalier du château d'Arnsberg situé dans le voisinage.

Le château d'Arnsberg, connu également sous le nom de château du Diable, était autrefois habité par des brigands; il fait habituellement partie des domaines de l'État. Différents chemins y conduisent: on peut s'y rendre en passant soit par le château de Wasenbourg, soit par la maison forestière d'Oberbronn, soit par Zinswiller. Quel que soit le chemin que l'on suive, il est prudent de prendre un guide, de peur de s'égarer. Ce manoir fut vendu en 1332 avec Brumath, par les landgraves d'Alsace, aux seigneurs de Lichtenberg: une famille noble qui en portait le nom s'est éteinte en 1664; elle avait fourni au treizième siècle un burgrave au château impérial de Haguenau.

« Il y a, dit la légende, dans les vastes caves qui s'étendent sous ces ruines, d'immenses quantités de vins entassées là depuis des siècles. Ces caves si bien garnies ont souvent attiré des amateurs, curieux d'en connaître la qualité; mais, malgré tous les efforts tentés jusqu'à ce jour, il a été impossible de découvrir l'entrée de ces caves mystérieuses, ni la moindre ouverture qui pût y donner accès. Seulement, quand l'année promet abondance de vin, il sort du sol, dans le temps où la vigne fleurit, une odeur de vin délicieuse, dont l'arome parfumé se répand dans toute l'enceinte du château. » (Dupuy.)

« Pendant ces belles nuits d'été, si calmes, si pures, si étincelantes, dit une autre légende, souvent des charbonniers, occupés dans les environs du château, ou quelques gardes forestiers attardés dans la forêt, ont aperçu tout à coup une vive lumière qui illuminait les ruines d'Arnsberg; un bruit confus de paroles et un cliquetis étrange se faisaient entendre. Une nuit, ils osèrent s'approcher et aperçurent sur la terrasse du château une nombreuse réunion de chevaliers, revêtus de leurs antiques costumes. Ils paraissaient fort animés, et, en effet, quand nos curieux se furent avancés tout près d'eux, en prenant des précautions pour ne pas être vus, ils remarquèrent que les chevaliers s'amusaient à jouer aux quilles. Les quilles étaient d'argent et les boules d'or. Telle était la cause du bruit étrange qu'ils avaient entendu retentir dans le silence de la nuit. » (Dupuy.)

A 3 kilomètres d'Oberbronn se trouve le village de Zinswiller qui n'a de remarquable que son usine. La forge de Zinswiller, une des plus anciennes de la contrée, se compose d'un haut-fourneau (que l'on charge de mine phosphoreuse, de charbon, de coke et de castine), d'un cubilot, d'un atelier de moulage, de feux d'affinage, de deux marteaux et d'un martinet. Les forces motrices consistent en une machine à vapeur de la force de 15 chevaux destinée à faire aller la soufflerie; en une roue hydraulique qui communique son mouvement au ventilateur du cubilot, enfin, en trois turbines qui font marcher les marteaux et les soufflets. Le cubilot est en partie alimenté par la houille, en partie par les gaz qui se dégagent de sa partie supérieure et qui sont dirigés vers l'ouverture du foyer. Dans cet établissement tout est rapproché pour la facilité du service : le haut-fourneau est à côté de la forge, et le gueulard presque de niveau avec le terrain, de manière qu'il suffit d'une machine à vapeur de force minime pour faire monter les charges jusqu'à l'extrémité supérieure du haut-fourneau. On fabrique à l'usine de Zinswiller des ustensiles de cuisine de toutes espèces en fonte émaillée d'une qualité supérieure, des essieux de voitures, des conduits pour l'eau et le gaz d'éclairage, des socs, des outils de labourage, des boulets cylindro-coniques, etc. Zinswiller occupe 250 ouvriers.

En remontant la vallée de la Zinzel et en se dirigeant du côté de Bærenthal à 1 kilomètre environ de Zinswiller, nous trouvons une papeterie, un moulin et un martinet qui dépend de l'usine dont nous venons de parler.

Il existait autrefois, à une demi-lieue au midi de Zinswiller, à égale distance de Zinswiller et d'Offwiller sur la droite, une commanderie de l'ordre teutonique appelée Dahn, nom peut-être corrompu de celui de Sainte-Anne : fondée en 1368 par Eberhardt d'Ettendorf, elle fut sécularisée en 1609 par le comte de Hanau qui en avait l'avocatie; elle a entièrement disparu depuis[1].

On arrive bientôt à Offwiller, gros village entouré de châtaigniers et situé pittoresquement au pied de la montagne. D'Offwiller à Rothbach il n'y a que quelques pas; c'est à Rothbach que l'on quitte la route pour se rendre au château de Lichtenberg. Pour gagner cette importante forteresse, les piétons prendront un sentier, inégal et rapide, qui, plus tard, va en s'aplanissant à travers une magnifique forêt haute-futaie; puis, tout à coup, en sortant de cette masse

1. Voyez Schweighæuser.

d'arbres d'une belle venue, ils apercevront devant eux et comme par enchantement le château de Lichtenberg dont la pierre rouge brunie par le temps se découpe avec grâce sur l'horizon. Les personnes qui voudront aller à Lichtenberg en voiture, prendront la route qui mène de Rothbach à Wimmenau par Ingwiller, et quitteront cette route à 2 kilomètres au delà de cette dernière localité, puis suivront la nouvelle route très-étroite qui monte insensiblement jusqu'au fort.

Le château de Lichtenberg, à 12 kilomètres de Niederbronn et à 426 mètres au-dessus du niveau de la mer, repose sur un rocher dont les flancs sont taillés à pic et dont la surface supérieure forme un polygone. Le point culminant du fort se trouve à 61 mètres au-dessus du village du même nom; une seule porte voûtée donne accès dans la place. On visitera en détail tout ce que le château offre d'intéressant : les bastions, les remparts, la chapelle, les casemates et le donjon; du haut de ce dernier, on admirera un magnifique panorama, sans contredit un des plus beaux de toute la chaîne des Vosges.

Le village actuel de Lichtenberg date du dix-septième siècle; il occupe l'emplacement du bourg de Lichtenberg qui fut brûlé lors du siége du fort par le maréchal de Créquy. Les hameaux de Champagne et de Picardie, dont les noms français contrastent fort avec les noms allemands des villages d'alentour, font partie de la commune de Lichtenberg.

Lichtenberg était autrefois le chef-lieu d'un comté qui comprenait dans sa circonscription les bailliages de Bouxwiller, Ingwiller, Pfaffenhoffen, Reichshoffen, Niederbronn, etc. En 1790, il ne restait plus de ce comté que la ville de Bouxwiller gouvernée par le landgrave de Hesse-Darmstadt, sous la suzeraineté du roi de France.

On ignore l'époque de la construction primitive du château de Lichtenberg. Pris et ruiné en 1260 par l'évêque de Metz, il fut reconstruit en 1286 par Conrad de Lichtenberg, évêque de Strasbourg. C'est de l'époque de Conrad que date le donjon qui existe encore; il couronne, au centre du fort, une portion du rocher plus haute que le reste, et se termine en deux tours couvertes de terrasses; entre ces tours, une autre terrasse presque aussi élevée est arrangée en jardin; on arrose ce dernier au moyen d'un puits communiquant avec une vaste citerne. Au seizième siècle, Philippe IV de Hanau fit renouveler les fortifications de Lichtenberg par le célèbre Specklin.

Conquis en 1678, après un siége de dix jours, par

le maréchal de Créquy, le château de Lichtenberg fut démantelé, puis relevé, entretenu avec soin, et la garde en fut confiée à un dépôt d'invalides. Depuis une quinzaine d'années, ces derniers sont remplacés par des détachements d'infanterie qui sont relégués à Lichtenberg pour six mois; le chef du corps de la garnison est en même temps commandant de place. Le fort de Lichtenberg n'a pas ouvert ses portes à l'ennemi lors de l'occupation de notre pays par les alliés.

Lichtenberg est le berceau d'une illustre famille, célèbre dans l'histoire sous plus d'un rapport. Les documents sur cette famille ne remontent pas au delà du treizième siècle : Rodolphe de Lichtenberg, archidiacre de l'église de Strasbourg, et, plus tard, prévôt de la collégiale de la même ville, est le premier dont les chroniques fassent mention. En 1219, on voit se distinguer Henri et Louis de Lichtenberg; Louis eut quatre fils, Henri II, Louis II, Conrad et Frédéric; ces deux derniers furent évêques de Strasbourg. Conrad surtout s'illustre sur ce siége au treizième siècle (1273-1299), car c'est lui qui fut le promoteur d'une œuvre d'art qui passe pour une des merveilles du monde; nous voulons parler de la cathédrale de Strasbourg. Conrad étant venu plusieurs fois à Fribourg qu'habitait son beau-frère, le comte Egon de Fürstenberg, y fit la connaissance d'Erwin de Steinbach qui travaillait à la cathédrale de cette ville; il l'engagea à venir à Strasbourg. Le 2 février 1276, Conrad posa la première pierre du monument, en poursuivit la construction avec le plus grand zèle jusqu'en 1299. Erwin voûta l'aile de l'horloge et la nef, fit le plan de la façade et des deux tours qui devaient dépasser toutes les tours de l'univers en beauté et en hauteur; il fit faire un jubé qui disparut au seizième siècle.

La tour du nord, comme l'on sait, est la seule achevée; toutefois, elle n'a pas été poussée jusqu'à la hauteur indiquée par Erwin. En 1291 furent érigées les statues équestres de Clovis, Dagobert et Rodolphe de Habsbourg; celle de Louis XIV n'a été placée dans sa niche qu'en 1823. Conrad mourut en 1299 des suites d'une blessure reçue au siége de Fribourg. Son corps fut transporté à Strasbourg et déposé dans la chapelle Saint-Jean.

Fréderic de Lichtenberg (1299 - 1306) succéda à son frère Conrad sur le siége épiscopal de Strasbourg; il avait été prévôt du grand chapitre avant d'arriver à l'épiscopat. Fréderic s'occupa surtout d'œuvres de piété; il est le restaurateur de l'église de Haslach qui avait été la proie des flammes en 1287. Son neveu,

Jean, acheta des landgraves d'Alsace le bourg de Brumath et d'autres seigneuries ; il donna le scandale d'une liaison désordonnée avec une fille appelée Lise de Steinbach. Le comte de Linange, frère de la femme légitime de Jean, et Henri, son fils, s'emparèrent de cette fille et lui firent jurer de ne plus revoir son amant ; mais ce serment ayant été enfreint, et Jean se laissant emporter par sa passion au point de renvoyer sa femme et de déshériter ses enfants légitimes, ceux-ci surprirent le château de Lichtenberg, jetèrent Lise par la fenêtre, et tinrent ce seigneur captif jusqu'à ce qu'il eût juré de ne point se venger de cet acte de violence, et de revenir à des sentiments plus convenables.

Un autre Jean, petit-neveu de Conrad, fut nommé en 1347, par Charles IV, avoué d'Alsace et vicaire impérial de cette province. Promu, en 1355, à l'évêché de Strasbourg, il se distingua autant par ses vertus et par son caractère conciliant que par ses talents administratifs. C'est lui qui acquit le landgraviat d'Alsace inférieur ; sa famille lui dut la dignité héréditaire de maréchal de l'évêché. Il mourut en 1365. En 1392, Henri V et Jean V de Lichtenberg prirent part à la ligue contre la ville de Strasbourg, proscrite par l'empereur Wenceslas.

Louis VII, fils de Jean V, se fit connaître, au commencement du siècle suivant, par des expéditions guerrières qu'il étendit jusqu'à Trèves et Boppart. La ligne masculine de cette famille s'éteignit avec ses deux fils, Jacques et Louis VIII. L'histoire des seigneurs de Lichtenberg depuis le quinzième siècle jusqu'à la grande révolution étant parfaitement connue, nous donnons la liste de ces princes depuis cette époque jusqu'en 1790 :

Comtes de Lichtenberg.	Jacques et Louis.	1439-1471.
	Jacques seul	1471-1480.
Comtes de Hanau.	Philippe Ier.	1480.
	Philippe II	1480-1504.
	Philippe III.	1504-1538.
	Philippe IV.	1538-1590.
	Philippe V	1590-1599.
	Jean-Reinhardt Ier	1599-1626.
	Philippe-Wolfgang.	1626-1641.
	Fréderic-Casimir.	1641-1685.
	Jean-Reinhardt II	1685-1736.
Landgraves de Hesse-Darmstadt	Louis VIII	1736-1768.
	Louis IX	1768-1790.

Jacques de Lichtenberg, homme fort instruit et grand protecteur des lettres et des arts, joignit à l'avocatie de Strasbourg la charge de conseiller de l'empereur Fréderic III et de plusieurs autres princes : il fut créé comte; mais ce titre ne passa point à la seigneurie. Sa femme légitime étant morte sans lui donner d'enfants, il prit pour maîtresse une jeune fille connue sous le nom de « la belle Barbe »; cette fille orgueilleuse vexa les citoyens de Bouxwiller, où il résidait avec elle. Ses caprices étaient tellement tyranniques que les habitants de Bouxwiller finirent par implorer le secours de Louis. Celui-ci habitait Lichtenberg; il vint s'emparer de Bouxwiller et assiégea son frère dans son château. Jacques menaça d'abord de déshériter sa famille, en léguant ses biens à l'évêché; mais par la médiation de plusieurs seigneurs, le différend s'arrangea et il consentit à renvoyer Barbe; elle se retira à Haguenau, où le comte alla souvent la visiter. A la mort de son frère, arrivée en 1471, il s'établit avec elle dans cette ville, où il mourut en 1480. Barbe, accusée de sorcellerie et d'autres crimes plus réels, fut alors brûlée vive.

Les bustes en pierre de ces deux amants, placés en 1463 sur le portail de la Chancellerie de Strasbourg, qu'on rebâtit à cette époque, sont conservés aujourd'hui à la bibliothèque publique de cette ville et se distinguent par une finesse remarquable de travail et d'expression.

Les deux frères, Jacques et Louis, eurent un démêlé avec George d'Ochsenstein et Schaffried de

Linange. Le comte de Linange subit au château de Lichtenberg une longue et dure captivité; selon Specklin, il resta sept ans enfermé dans un cachot obscur et, pendant les trois premières années, ses pieds étaient enchaînés au mur. Cette histoire exagérée par la tradition et confondue avec les différends qui ont plusieurs fois divisé les deux frères, a donné lieu à un récit populaire dont notre poëte Pfeffel a fait une nouvelle chevaleresque du genre le plus terrible (voy. aussi les *Alsabilder* par les frères Stœber, p. 50). Deux frères de cette famille s'étaient, dit-on, juré la mort: l'un voulait faire périr son frère de faim, l'autre le faire mourir de soif. Celui qui devait, dit-on, subir ce dernier sort, fut pris et jeté dans un cachot, où on ne lui donna que du pain sec; il parvint à soutenir sa vie en imbibant ce pain de l'humidité du rocher. Il fut épié par le chapelain du château qui, s'apercevant de la ruse, le dénonça à l'auteur de ces cruautés. On prit alors des précautions plus sévères, et le captif périt misérablement. Cependant le fratricide sentit bientôt les atteintes du remords; sans cesse il voyait devant ses yeux l'image de ce pauvre frère souffrant les cruelles douleurs de l'agonie, et expirant du plus effroyable supplice. Il ne put supporter longtemps cette torture mille fois plus affreuse que la mort. Un jour, il engage le traître chapelain, ce lâche complice qui l'avait trop bien servi dans sa vengeance, à venir se promener sur les remparts du château; tout à coup se jetant sur le misérable prêtre, il l'étreint de toutes ses forces et se précipite avec lui au fond de l'abîme où tous deux sont brisés contre des rochers.

La tradition locale montre au dehors du donjon une tête qu'elle dit représenter le prisonnier, et, dans l'un des cachots des tours, trois têtes, qu'elle dit le figurer de plus en plus exténué. Elle varie encore davantage, tant sur la manière dont fut trahi le secret que sur les mesures que l'on prit alors; et même, jusqu'à la fin du dernier siècle, elle se bornait à faire périr de cette manière le comte de Linange. Dans la réalité, celui-ci finit par se racheter au moyen de la cession de quelques domaines; les têtes du cachot ne sont que des grimaces capricieuses, ornant les soutiens des nervures des voûtes; la tête du dehors du donjon semble encore moins représenter un prisonnier, et l'histoire véritable des seigneurs de Lichtenberg ne fournit aucun trait d'une inimitié mortelle entre deux frères. Quant au comte Jacques, il fut vivement attendri lorsque son frère Louis, étant tombé malade, lui fit demander pardon de ses offenses, et à sa mort il lui fit célébrer dans la cathédrale de Strasbourg les obsèques les plus magnifiques ; il donna, selon l'usage du temps, un repas splendide à tout le cortége, et combla de présents et d'aumônes tous les couvents et tous les pauvres de cette ville.

Louis, ayant laissé deux filles, mariées l'une à Philippe, comte de Hanau, et l'autre à Wecker, comte de Deux-Ponts-Bitche, les biens de cette famille (dont les fiefs avaient été rendus féminins par l'empereur Rodolphe de Habsbourg) furent à la mort de Jacques partagés également entre ces deux maisons. Il y eut en 1541 un nouveau partage dans celle de Deux-Ponts-Bitche; mais la plus grande partie des domaines qui lui étaient échus, passa lors de son extinction (en 1570) aux comtes de Hanau, auxquels succédèrent depuis les landgraves de Darmstadt.

Les comtes de Hanau, de même que les seigneurs de Lichtenberg, contribuèrent à la prospérité de la principauté dont ils étaient suzerains. C'est ainsi que Philippe III fit construire en 1528 l'hospice de Bouxwiller et que Philippe V, son successeur, fit restaurer l'établissement de Niederbronn. Ce dernier était un homme remarquable : il était à la fois mécanicien, astronome et mathématicien. Il avait épousé en premières noces Louise-Marguerite, fille de Jacques, comte de Deux-Ponts-Bitche; ce mariage lui valut, dès 1570, après la mort de son beau-père, les bailliages lichtenbergeois dont Simon Wecker, comte de Deux-Ponts-Bitche, époux d'Élisabeth de Lichtenberg, avait hérité en 1480. Son successeur, Jean-Reinhardt, fonda le gymnase de Bouxwiller. Son homonyme, Jean-Reinhardt II, n'ayant qu'une fille, Charlotte-Christine, qui avait épousé le prince Louis de Hesse-Darmstadt, la seigneurie de Lichtenberg passa en 1736 à cette dernière maison. Les princes de Hesse perdirent leurs droits de souveraineté sur le comté en 1790, lors du décret qui abolit le système féodal en France [1].

Nous ne quitterons pas Lichtenberg et ses environs sans mentionner deux églises du moyen âge, situées à proximité et dont il ne reste plus que quelques débris. Les documents historiques sur ces deux édifices manquent complètement. C'est d'abord la Frauenkirche, située entre Offwiller et Rothbach, sur la droite de la route, dont il reste encore un pilier avec escalier tournant; puis la Thierkirche qui se trouve entre Rothbach et Ingwiller également sur la droite; il reste encore de cette église trois piliers

1. Voyez Schweighæuser.

avec débris d'arceaux de fenêtres du quatorzième siècle. On pourra voir au musée de Niederbronn un chapiteau formant clef de voûte, datant du treizième siècle et provenant de la Frauenkirche, puis un bas-relief représentant l'agneau pascal ainsi qu'un fragment de fenêtre ogivale; ces deux derniers morceaux de sculpture proviennent de la Thierkirche.

VI.

DIRECTION DE HAGUENAU.

Reichshoffen, Gundershoffen, Mertzwiller, Haguenau, Neubourg.

La route qui mène à Reichshoffen, est bien entretenue et constamment parcourue par un grand nombre de voitures qui vont aux usines des environs ou qui en reviennent. A un kilomètre de Niederbronn, on remarque la boulangerie dirigée par M. Colombain, destinée à fournir à bon compte du pain aux ouvriers des différents établissements métallurgiques de la contrée. Un peu plus loin, du même côté, se trouve l'atelier de M. Holcroft, mécanicien. Derrière la propriété de ce dernier, sur les bords de la rivière, on a trouvé une grande quantité de briques et de tuiles romaines, et, non loin de là, existe une lande de terrain argileux, ce qui ferait supposer qu'il y avait une tuilerie en cet endroit.

Reichshoffen, localité importante, ayant une population de 2,500 âmes, est divisé en ville haute ou faubourg et ville basse. Cette dernière partie était autrefois fortifiée et défendue par un mur et cinq tours; on peut encore très-bien voir les traces des fortifications qui la circonscrivaient.

Reichshoffen est arrosé par le Falckensteinerbach et par la Schwartzbach; cette dernière sépare la ville basse du faubourg dont la construction est toute moderne. La ville basse, dont les rues sont pavées, mais étroites, présente tous les caractères d'un bourg du moyen âge; l'aspect de cette partie de Reichshoffen peut être très-intéressant sous le rapport historique; mais, sous le rapport sanitaire, il laisse à désirer.

On remarque à Reichshoffen une belle église dont le clocher domine fièrement toute la contrée; elle a été construite en 1772. M. le baron de Dietrich, alors seigneur de Reichshoffen, y a fait ajouter la tour qui donne à l'église son caractère imposant. La commune de Reichshoffen possède de belles forêts, d'une superficie de plus de 1,200 hectares, qui lui ont été données, en 1531, par un membre de la famille d'Ochsenstein.

Sur l'emplacement du château actuel se trouvait

l'ancien château de la seigneurie de Reichshoffen, construit au treizième siècle, et dont les murs, baignés par la rivière, formaient avec les fortifications une enceinte continue autour de la ville. En 1761, lorsque l'empereur François Ier vendit la seigneurie de Reichshoffen, le château tombait en ruines et ressemblait à un vieux castel du moyen âge; aussi le baron Jean de Dietrich le fit-il démolir en 1769 et bâtir à sa place, dans le goût du dix-huitième siècle, l'élégant château que nous voyons aujourd'hui. Le château de Reichshoffen, après avoir passé par les mains de M. Jacques Mathieu à l'époque de la grande révolution, fut acheté plus tard par le vicomte Renouard de Bussierre; il appartient actuellement à M. le comte de Leusse. Près de cette habitation seigneuriale se trouve une belle ferme dépendant du château, où l'on remarque une distillerie à la vapeur et, vis-à-vis de ce domaine, de l'autre côté de la route, la maison de M. Singer, qui a servi à loger des troupes bavaroises à l'époque de la Restauration.

Reichshoffen est un bourg qui date du moyen âge; le vicus des Romains occupait l'emplacement désigné sous le nom de «Thiergarten». Différents débris d'origine romaine ont été trouvés en cet endroit; récemment encore, pendant qu'on exécutait les travaux du nouveau chemin de fer, on a découvert un bas-relief de deux mètres de haut, représentant le dieu Mercure, une bague, un bracelet en bronze, des urnes cinéraires, une grande quantité de briques et de tuiles (tuiles à rebords, plates et courbes, tuiles avec empreintes de pattes de chiens); enfin on a mis à jour un mur en bon état de conservation; la découverte de tous ces restes de l'antiquité prouve évidemment qu'il y avait là une bourgade romaine d'une assez grande importance.

Les documents sur Reichshoffen ne remontent pas au delà du treizième siècle. Reichshoffen était à cette époque un village appartenant au duc Mathieu de Lorraine qui l'inféoda à l'évêché de Strasbourg dès l'année 1232. En 1275, Henri de Fleckenstein promit au duc Fréderic de résider pendant la moitié de l'année à Reichshoffen pour une redevance annuelle de 150 livres de Metz. Fréderic de Windstein signa une promesse du même genre en 1279. Ces transactions supposent l'existence du château; et il est explicitement nommé dans la paix qu'en 1286 le duc de Lorraine conclut avec Conrad de Lichtenberg et Othon d'Ochsenstein, avocat provincial. Cet arrangement termina une guerre dans laquelle ce duc avait éprouvé de grandes pertes : il renonça à tous ses droits sur le château de Reichshoffen en exceptant toutefois de cette cession les personnes qui étaient tenues alors à y résider. Selon Hertzog, la ville de Reichshoffen fut donnée la même année par l'empereur en fief à Othon, et, avant lui, les seigneurs d'Ettendorf en avaient joui au même titre. Il paraît en conséquence que la ville avait été enlevée au duc de Lorraine avant le château. Les Ochsenstein jouirent à la fois de ces deux fiefs, et y furent maintenus jusqu'au siècle suivant où l'évêque Berthold revendiqua pour son église le domaine direct de cette seigneurie. En 1388, Othon V d'Ochsenstein permit l'occupation de Reichshoffen à l'électeur palatin Robert Ier qui faisait alors la guerre à plusieurs villes et seigneurs d'Alsace. Trois ans plus tard, Rodolphe, frère d'Othon, vendit sa part de ce domaine à l'électeur Robert II, appelé dans la suite au trône impérial. Une paix castrale régla en 1404 les droits respectifs que cet empereur, l'évêque de Strasbourg et Eberhardt de Bamberg, époux de Claire d'Ochsenstein, avaient sur Reichshoffen. Sa portion palatine fut vendue dans la suite à l'abbaye de Marmoutier, et par celle-ci aux évêques de Strasbourg ; elle fut donnée en 1492 en fief à Henri, comte de Deux-

Ponts-Bitche qui jouissait déjà par héritage de celle des Ochsenstein. Le 25 juin 1451, les Lichtenberg gagnèrent sous les murs de Reichshoffen une bataille qui décida du sort de cette illustre famille. Tandis que les Lichtenberg restèrent maîtres du terrain, Schaffried de Linange, les Ochsenstein et 23 gentilshommes tombèrent entre les mains des vainqueurs. A l'extinction des comtes de Deux-Ponts-Bitche, l'évêque de Strasbourg ressaisit, malgré l'opposition des comtes de Hanau, leurs héritiers, le domaine utile de Reichshoffen. En 1664, l'évêque Egon de Fürstenberg vendit cette petite ville au duc Charles IV de Lorraine. Les descendants de ce prince conservèrent la seigneurie de Reichshoffen jusqu'en 1761; cette même année (6 juin) le duc de Lorraine, devenu empereur d'Allemagne sous le nom de François Ier, vendit cette bourgade avec toutes ses dépendances au baron Jean de Dietrich, stettmeistre de Strasbourg, qui la conserva jusqu'à notre première révolution[1].

En suivant la route impériale qui conduit à Haguenau, nous arrivons bientôt à l'atelier de construction de Reichshoffen. Cette usine, qui remonte

1. Voyez Schweighæuser.

à l'année 1767, est, sans contredit, un des établissements de la contrée les plus intéressants à visiter : le haut-fourneau qui en faisait partie dans le principe, n'existe plus depuis bien longtemps. De nos jours, on façonne à Reichshoffen le fer, la fonte, l'acier et le bois de mille et mille manières, puis on ajuste tous ces matériaux ainsi travaillés de manière à former des wagons, ponts, tenders, machines à vapeur, roues de locomotives, turbines, toutes espèces de pièces mécaniques. Toutes les machines employées aux différentes forges de la maison de Dietrich sont fabriquées à Reichshoffen. Ce qui frappe en visitant cette usine, c'est de voir que la main de l'homme n'est pas utilisée pour donner les formes voulues au fer et au bois; tout se fait au moyen de machines, et l'ouvrier n'est pour ainsi dire que le guide intelligent de la force produite par des mécanismes aussi nombreux que variés. Trois machines à vapeur, dont la plus puissante a une force de 50 chevaux, et deux turbines font manœuvrer les rabots, limes, scies, perforateurs et autres pièces du même genre. L'usine occupe un nombre d'ouvriers qui varie de 400 à 700, suivant le mouvement des affaires. Depuis quelques années, l'établissement de Reichshoffen et les maisons qui en dépendent sont éclairés au gaz. Un petit tronçon de chemin de fer met cette usine en rapport direct avec la ligne de Haguenau à Niederbronn.

Un peu plus loin que l'usine se trouve le village de Gundershoffen, remarquable surtout par un ravin taillé dans les marnes supérieures du lias dans lequel on rencontre un grand nombre de fossiles. A l'ouest de Gundershoffen et à peu de distance de ce village, on trouve une lande sablonneuse et stérile en grande partie, qu'on nomme Hardt, et au milieu de laquelle était un vicus d'une assez grande importance, si l'on en juge par les débris qu'on y a trouvés, tels que vases funéraires, briques romaines, fragments d'une statue équestre, caducée enroulé de deux serpents en pierre, bracelets, etc. Mais ce qu'on y a découvert de plus intéressant, ce sont les restes d'un temple romain à 1 mètre de profondeur. Les murs, qui avaient 1^m,50 d'élévation, formaient un quadrilatère de 6 mètres dont l'intérieur était rempli de tuiles plates, de chapiteaux; au pourtour de l'édifice, plusieurs dalles à bas-reliefs, monuments votifs érigés en l'honneur de Mercure, portaient les inscriptions suivantes :

1° D. M. LVPERCIANVS
LVTELLIVS EX V.
L. M.

Deo Mercurio Lupertianus Lutellius ex voto posuit lætus lubens merito.

2° D. M.
JVLIVS COMENTIH
EXSVPERATOR TALVɔPE
V
L I M.

Le bas-relief représente Mercure avec tous ses attributs; un coq est à ses pieds.

3° D. M.
PATERNIANVS
F. PACATI P. L. L. M.

Deo Mercurio Paternianus Pacati filius posuit lætus lubens merito.

4° D. M. S. SEVERVS
EQVONI EX V.
P. L. L. M.

Deo Mercurio sacrum Severus Equoni f. ex voto posuit lubens lætus merito.

Mercure porte sur le bras gauche un enfant qui tient un poisson.

5° DEO M S PERVIN
CA PATERNI EX VP

Deo Mercurio sacrum Pervinca Paterni (filia) ex voto posuit.

Mercure tient une bourse dans la main droite, et à ses pieds est une petite table sous laquelle se trouve un coq becquetant.

6° IMP ANTONINO III
ET GETA II COS

Le bas-relief représente la partie inférieure de Mercure qui tient une tortue entre les jambes; à ses côtés, on remarque un trépied sous lequel est un coq becquetant. Ce monument date de l'an 208 de Jésus-Christ.

7° DEO MER. IVLIVS
MATVTINVS EX V P

Deo Mercurio Julius Matutinus ex voto posuit.

Le bas-relief représente Mercure avec ses attributs ordinaires et un coq sur l'épaule droite.

8° En 1809, la résistance éprouvée par un soc de charrue fit découvrir un bas-relief de Mercure consacré à ce dieu par Lucius Sanexius; il était accompagné de débris de briques, restes d'un sacellum, et d'une médaille de Constantin. L'inscription portait :

MERCVRIO SA
CRVM LVCIVS SAN......
EX JVSSV POSVIT L. M.

Mercurio sacrum Lucius Sanexius ex jussu posuit libens merito[1].

En 1815, le duc de Wellington passa une grande revue des troupes alliées dans cette plaine sablonneuse; une batterie élevée à la même époque dans le voisinage mit à découvert plusieurs urnes cinéraires en terre commune et une pierre carrée contenant une urne de verre.

Après avoir traversé le village de Gundershoffen, nous arrivons au moulin de Griesbach. Le chemin qui part de ce moulin et se dirige sur la droite, conduit à Mietesheim. Après avoir passé la rivière, on croise la nouvelle ligne ferrée; c'est près de là, dans un canton connu sous le nom de Glausheck, qu'on a trouvé récemment un vase cinéraire et une dizaine de médailles, c'est par là aussi que passait l'ancienne voie romaine qui se dirigeait de Niederbronn à Mertzwiller.

En revenant sur la route, nous montons une côte

1. Voyez *Bulletin de la Société pour la conservation des monuments historiques d'Alsace*. Année 1863, page 89.

rapide au haut de laquelle on aperçoit, sur sa droite, l'usine de Mertzwiller, puis le village du même nom.

La fonderie de Mertzwiller, établie en 1838 et achetée en 1842 par la maison de Dietrich, est la seule usine de nos environs qui soit située à distance d'un cours d'eau. Elle se compose de deux hauts-fourneaux et d'un cubilot chauffé au coke. Les moteurs de cette usine consistent en deux machines à vapeur de la force de 25 chevaux qui font aller les souffleries des hauts-fourneaux, en une autre machine (forte de 15 chevaux) destinée à faire marcher le ventilateur, et enfin en une petite machine à vapeur qui fait monter jusqu'aux gueulards les charges des hauts-fourneaux. La forge de Mertzwiller occupe une centaine d'ouvriers; on y fabrique des coussinets de chemins de fer, des fourneaux de tous genres, toutes espèces de pièces mécaniques, en général, des articles de plus petite dimension qu'à la forge de Niederbronn.

Une charte d'Othon le Grand, de l'an 968, fait déjà mention de Mertzwiller sous le nom de Marinzawiler. Dans ce village et sur son territoire, on a trouvé un grand nombre d'antiquités romaines, entre autres un monument épigraphique découvert en 1844, portant l'inscription suivante:

||| ERCVRIO . E . MA....
|| AC. SENNAVS . LE....
GNATA . LVTEVI . VIRE..
RATVLLA . F . L . L
RVFINO . E . QVADRA

Mercurio et Maiæ sacrum, Sennaus, Lepidi filius et grata Lutevi Virecalla Ratulla fecerunt lubentes læti, Rufino et Quadrato consulibus. « Sennaus, fils de Lepidus (ou Livius), et Virecalla Ratulla, fille de Lutevus, ont consacré cette chapelle de leur gré et avec joie à Mercure et à Maia, sous le consulat de Rufin et de Quadratus. » L. Cuspius Rufinus et L. Statius Quadratus furent consuls sous le règne d'Antonin le Pieux, en l'an 142 de l'ère chrétienne.

En 1793, Joseph Durheimer, ancien prévôt de Mertzwiller, parvint à réunir une armée royaliste d'environ 4,000 paysans; elle était commandée par un ancien officier, Jean-Michel Pfeiffer, de la même commune. Cette petite armée fut bientôt défaite près de Mommenheim par la garnison de Strasbourg.

Mertzwiller touche à la forêt de Haguenau. La route traverse ce beau domaine sur une étendue de presque deux lieues. La lisière du bois n'est pas encore atteinte que déjà la ville de Haguenau se montre aux yeux du voyageur; il semble qu'on en est tout près, cependant on a encore 3 kilomètres à franchir. — Haguenau est une ville du moyen âge. Au commencement du douzième siècle, Fréderic le Borgne, duc de Souabe et d'Alsace, bâtit sur une île de la Moder un château de chasse, près duquel s'éleva bientôt une petite ville qui prit du district environnant le nom de Haguenau (de *Hag*, bois, et *Au*, région plate et arrosée). L'empereur Fréderic Ier Barberousse, son fils, transforma le château construit par son père en un vaste palais, fortifié par quatre tours au centre desquelles s'en trouvait une cinquième surmontée de l'aigle impériale. Trois chapelles bâties en marbre rouge s'élevaient dans ce palais, l'une au-dessus de l'autre : celle du haut renfermait les ornements impériaux, et des reliques précieuses y attiraient une grande dévotion. Après la mort de l'empereur Philippe, les joyaux de l'empire furent transportés de là au château de Trifels, célèbre par la captivité de Richard Cœur de Lion. Les négociations au sujet de la délivrance de ce roi eurent lieu au palais de Haguenau; il y fut conduit lui-même pour répondre devant une assemblée de princes sur les griefs qu'on lui reprochait. Non-seulement tous les empereurs de la maison de Souabe, mais encore leurs successeurs, jusqu'à Ferdinand Ier, résidèrent fréquemment dans le palais de Haguenau; un grand nombre de chartes en sont datées. Après la mort de Conrad IV, dernier empereur de la maison de Hohenstaufen (1254), Haguenau fut considéré comme cité impériale. En 1677, le palais impérial fut brûlé, et les matériaux échappés à l'incendie servirent à la construction de Fort-Louis. En 1729, Louis XV permit de construire sur l'emplacement du château impérial un collége de jésuites qui a été transformé depuis en caserne de cavalerie. Récemment, en creusant les fondations pour l'agrandissement de l'hôpital, situé à peu de distance de l'ancien palais de Haguenau, on découvrit, à plus de 3 mètres au-dessous du sol, un amas d'environ 40 bois de cerfs, tous assez bien conservés, quoique très-noircis. Ces bois remontent probablement au temps de Fréderic Barberousse; on prétend qu'il y avait en cet endroit un abattoir public où l'on tuait fréquemment des cerfs.

La prévôté de Haguenau fut fondée en 1287 par Rodolphe de Habsbourg. L'empereur Charles IV autorisa en l'année 1354 l'alliance des dix villes libres de l'Alsace, sous la présidence de Haguenau régi par un préfet. Au milieu du seizième siècle, la maison d'Autriche fit rentrer la landvogtey dans ses attributions. Enfin cette charge politique et administrative passa en même temps que l'Alsace à la couronne de France.

Plus près de nous et touchant la lisière de la forêt de Haguenau se trouvait la célèbre abbaye de Neubourg (*Neo-castrum* ou *Novum castrum*) de l'ordre des Citeaux, située dans une île formée par la Moder, à une lieue seulement de Pfaffenhoffen. Renaud, comte de Lützelbourg, et fils du comte Pierre, fondateur du monastère de Saint-Jean-des-Choux, établit, en 1128, l'abbaye de Neubourg sur un terrain que lui concéda Fréderic le Borgne, duc d'Alsace et de Souabe. Les premiers religieux y furent envoyés par l'abbaye de Lucelle : vingt ans plus tard, elle put fournir elle-même des colonies aux monastères de Herrenalb et de Maulbronn, dans le pays de Wurtemberg. Renaud, mort en 1143 et enterré à Neubourg, légua, dit-on, à cette abbaye le tiers des arbres de la forêt de Haguenau; mais l'empereur Fréderic Ier, fils de Fréderic le Borgne, limita ce droit aux seuls bois à son usage. Fréderic II fit à cette abbaye des donations considérables, et d'autres générosités la mirent successivement en possession de quatre villages dont elle a conservé la seigneurie jusqu'à notre première révolution. De ce monastère, il ne reste plus que le mur d'enceinte, la maison où logeait la domesticité du couvent avec une grange et un hangar. Tous les autres bâtiments, l'église, une élégante chapelle avec une belle tourelle gothique en forme de flèche et un cadran solaire remarquable ont été vendus pendant la révolution et démolis depuis. La charrue passe maintenant sur l'emplacement qu'occupaient les bâtiments de l'abbaye de Neubourg.

VII.

MINES DE FER

ET VOIES ROMAINES.

Nous avons déjà dit que le minerai destiné à alimenter les différents hauts-fourneaux de la maison de Dietrich provient en partie du duché de Nassau, en partie de minières situées dans nos environs; nous ajouterons que le minerai d'Allemagne est beaucoup plus riche en fer que le nôtre, et que, depuis quelques années, la consommation de ce dernier tend de plus en plus à se restreindre. On exploite encore une trentaine de minières dans notre pays; les principales sont établies à Neubourg, Mietesheim, Dauendorf, Uhrwiller, Offwiller, Uhlwiller, Morschwiller, Huttendorf, Schwindratzheim, etc. Le minerai, dont le rendement est en moyenne de 27 p. 100, se montre sous forme de grains (mine pisolithique); cependant celui de Lampertsloch fait exception et se présente sous forme de masse compacte, sous forme de filon; le fer se trouve dans le minerai à l'état d'hydrate de peroxyde.

L'épaisseur de la couche minifère dans les différents gîtes varie beaucoup, de quelques centimètres à plusieurs mètres : à Hüttendorf, la couche atteint une profondeur de 5 mètres. L'exploitation du minerai se fait à ciel ouvert, ou bien à l'aide de puits, de galeries, selon l'épaisseur du terrain qui recouvre le minerai.

La mine qui sort des puits d'Offwiller et d'Uhrwiller, plus riche en phosphore, a la propriété de rendre la fonte cassante et ne peut être employée que pour la fabrication de certains articles qui ne demandent pas une grande résistance; ainsi on l'emploie à Zinswiller pour mouler des pièces de poterie, de la vaisselle, etc. L'exploitation des minières de nos environs a lieu depuis bien longtemps : l'un des puits de Mietesheim est exploité depuis plus de 240 ans.

Voies romaines.

Niederbronn et ses environs étaient habités par les Romains, le fait ne saurait être mis en doute. La plupart de nos villages étaient d'anciens vicus, comme le prouve le grand nombre de débris de l'antiquité que le sol a restitués à différentes époques dans beaucoup de nos localités. Il est également certain que les communications entre les vicus romains étaient établies au moyen de voies bien conditionnées. Les Romains avaient deux espèces de routes : des routes militaires ou consulaires et des chemins vicinaux. Les voies romaines se distinguent de nos routes modernes par leur trajet direct, par leur situation à mi-hauteur des collines, par une confection d'une grande solidité. Ces voies sont restées telles qu'elles étaient à l'époque romaine, ou bien elles se sont confondues avec nos routes actuelles, ou bien des champs, des prairies, des habitations, etc., occupent leur emplacement.

Nous allons décrire le tracé de quelques-unes de ces voies, laissant à d'autres plus compétents que nous le soin de faire une description complète des anciennes routes de notre contrée. Niederbronn était en communication, par une voie particulière, avec l'ancien Reichshoffen qui occupait l'emplacement du *Thiergarten* : partant de l'église actuelle de Niederbronn, elle suivait la rue du presbytère, traversait toute la commune, passait au pied du Herrenberg jusqu'à l'abattoir, au niveau duquel elle faisait un premier coude; elle en faisait un second un peu plus loin et se dirigeait en droite ligne sur le Thiergarten, à peu de distance du chemin de fer. La route de Niederbronn à Reichshoffen était une des principales voies de la contrée; se prolongeant vers le sud, elle se dirigeait à peu près en ligne droite sur Mertzwiller, Brumath et Strasbourg. De Reichshoffen à Mertzwiller, la voie romaine suivait à peu près le parcours du chemin de fer de Haguenau.

La voie romaine de Niederbronn à Wohlfahrtshoffen se voit encore très-bien à l'heure qu'il est; c'est le chemin que l'on suit encore de nos jours pour aller directement d'un de ces points à l'autre. La route des Romains s'écartait légèrement de la voie actuelle un peu avant d'arriver à Wohlfartshoffen.

L'on peut aussi très-bien voir les débris de deux voies romaines qui aboutissaient au Riesacker. L'une d'elles partait de l'église de Niederbronn et tombait en droite ligne sur cette ferme en suivant la vallée de la Detenbach; l'autre prenait son point de départ à Reichshoffen, traversait la rivière, montait directement jusqu'au plateau du Riesacker et allait aboutir à cette ferme sans faire le moindre détour.

Niederbronn et Oberbronn étaient également reliés entre eux par une voie spéciale. De l'église de Niederbronn, sur l'emplacement de laquelle se trouvait un temple païen, partait un chemin qui, après avoir passé par la gorge du cimetière, tombait sur la route d'Ingwiller à Fort-Louis. La voie romaine suivait pendant une centaine de pas la route actuelle, puis en déviait sur la droite, continuait en ligne directe et retombait sur la route un peu en deçà du vignoble.

Un autre chemin faisait communiquer Niederbronn avec l'Altkirch de Reichshoffen. Comme le précédent, il avait son point de départ à l'église de Niederbronn, suivait, tout le long de la commune, la route actuelle de Haguenau, la quittait à la hauteur du couvent des frères et allait se confondre avec le chemin qui, de nos jours, à travers prés et champs, tombe en droite ligne sur cette ancienne chapelle, un peu à gauche de la route actuelle de Frœschwiller.

On trouve encore également les traces de la voie romaine qui reliait Reichshoffen à Wohlfahrtshoffen.

FIN.

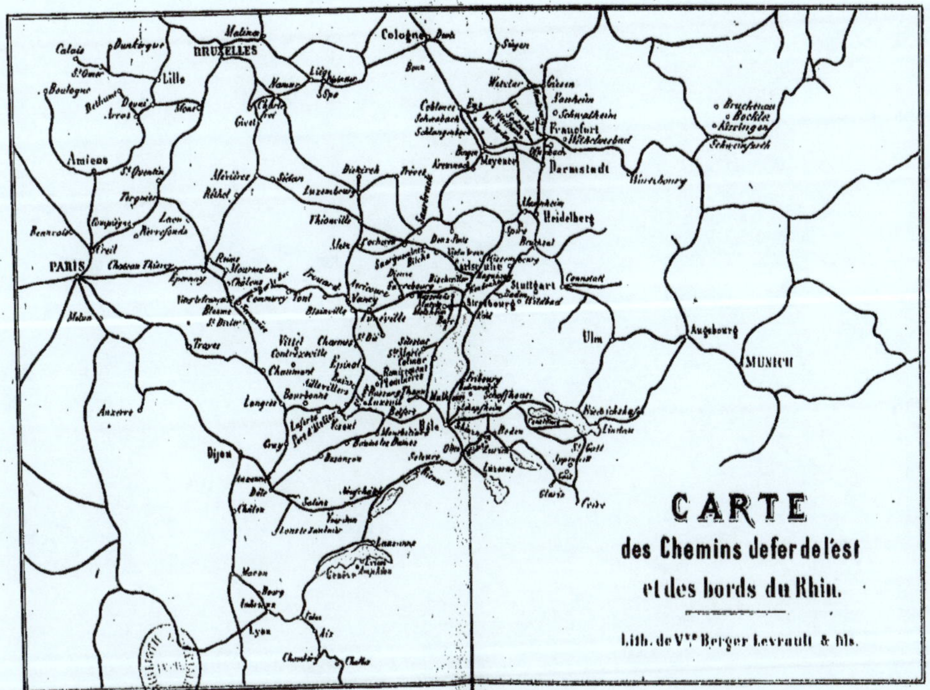
CARTE
des Chemins de fer de l'est
et des bords du Rhin.
Lith. de Vve Berger Levrault & fils.
PARIS
BRUXELLES
Lille
Amiens
Cologne
Francfort
Darmstadt
Heidelberg
Stuttgart
Ulm
Augsbourg
MUNICH
Dijon
Lyon

TABLE DES MATIÈRES.

www.ingramcontent.com/pod-product-compliance
Ingram Content Group UK Ltd.
Pitfield, Milton Keynes, MK11 3LW, UK
UKHW031853260826
14628UKWH00002B/756

9 782019 129279